Über dieses Buch

Mit diesem Band »Märchenreise durch Europa« erfüllt Sigrid Früh ihr Anliegen, weniger bekannte, aber für das jeweilige Land typische Märchen zu präsentieren. In den Erzählungen zeigt sich die unterschiedliche Mentalität der Menschen, die nicht nur von landschaftlichen Besonderheiten geprägt sind. Ein und dasselbe Motiv kann in unterschiedlichster Weise dargestellt werden und entsprechend anders auf die Zuhörer wirken. Ebenso gibt es aber auch Motive und Inhalte, die ausschließlich in einer bestimmten Region und sonst nirgendwo anzutreffen sind. Weltanschauung und Lebensart der Menschen spiegelt sich hier genauso wider wie ihr kultureller, geschichtlicher Hintergrund.

Über die Herausgeberin

Sigrid Früh, Jahrgang 1935, studierte Germanistik und Volkskunde und ist eine der bekanntesten Märchenforscherinnen und Märchenerzählerinnen Deutschlands. Mit zahlreichen Publikationen, Seminaren und Vorträgen bringt sie Märchen einem breiten Publikum nahe.
Zu der Ehrenplakette der Stadt Fellbach, dem Wildweibchenpreis und anderen Auszeichnungen wurde ihr im Mai 2011 die Sebastian-Sailer-Medaille in Würdigung und Anerkennung ihrer Verdienste um die schwäbische Mundart verliehen. Sie lebt und arbeitet in Fellbach in der Nähe von Stuttgart.
Weitere Informationen unter: www.sigrid-frueh.de

Märchenreise durch Europa

Herausgegeben
von Sigrid Früh

KÖNIGSFURT-URANIA

Sonderausgabe des Titels »Märchenreise durch Europa«,
herausgegeben von Sigrid Früh, 1994.

Bibliographische Information der Deutschen Nationalbibliothek
Die Deutsche Nationalbibliothek verzeichnet diese Publikation in der
Deutschen Nationalbibliographie; detaillierte bibliographische Daten
sind im Internet über http://dnb.ddb.de abrufbar.

Sonderausgabe
2012 Krummwisch bei Kiel

© 2012 by Königsfurt-Urania Verlag GmbH
D-24796 Krummwisch
www.koenigsfurt-urania.com

Umschlaggestaltung: Jessica Quistorff, Rendsburg,
unter Verwendung der folgenden Motive
»The Balloon«(1882) von Pal Szinyei Merse und »Stillleben«
(ca. 1650) von David Teniers
Satz: Stefan Hose, Götheby-Holm
Lektorat: Claudia Lazar, Kiel
Druck und Bindung: CPI Moravia
Printed in EU

ISBN 978-3-86826-036-6

Inhalt

Sigurd und Ingibjörg, die Königskinder

Wie es oft geschah, regierte ein König in einem Lande; er hatte eine Königin und mit ihr zwei Kinder, welche Sigurd und Ingibjörg hießen. Bevor noch diese erwachsen und aus den kindlichen Jahren gekommen waren, starb die Königin, ihre Mutter.

Der König war über den Verlust seiner Königin sehr betrübt, so dass er für gar nichts Teilnahme hatte, sondern immer nur seine Frau beweinte und lange bei ihrer Begräbnisstätte saß.

Als so einige Zeit verstrichen war, kamen seine Minister zu ihm und legten ihm nahe, dass er seinem Kummer ein Ende machen müsse und dies am ehesten zu Stande bringe, wenn er sich aufs Neue um eine Frau umsähe, sei es selbst oder durch Abgesandte. Sie machten ihm auch Vorstellungen, wie sehr die ganze Regierung des Reiches wegen seines übermäßigen Kummers in Unordnung gerate und dieser Zustand nicht mehr länger andauern könne. Der König sah ein, dass dies ganz richtig sei, er gab seine Zustimmung, dass Abgesandte in andere Länder fahren und eine Frau für ihn werben sollten, und rüstete Schiffe und Mannschaft aus.

Als die Abgesandten auf die hohe See hinaus gekommen waren, entstand ein großer Sturm, sie verirrten sich, so dass sie nicht mehr wussten, wohin sie steuerten, und sich ganz dem Winde überließen. Endlich stießen sie doch auf ein Land, welches sie aber nicht kannten.

Die Anführer stiegen ans Land, um dasselbe zu erforschen, und ließen die Mannschaft zur Bewachung der Schiffe zurück. Sie sahen hier nichts, was einer Menschenwohnung glich, und glaubten daher, dass dieses Land unbewohnt sei. Endlich aber entdeckten sie doch ein Gehöft, das jedoch aus ärmlichen Hütten bestand.

Sie gingen nun auf dieses Gehöft zu, um zu sehen, ob dort ein menschliches Wesen wohne oder nicht. Sie fanden ein Weib, welches bereits ziemlich bejahrt, aber doch noch ganz hübsch war. Dasselbe fragte sie, wer sie seien und woher sie kämen. Sie gaben über alles gewissenhaft Bescheid und erzählten freiwillig, was der Zweck ihrer Reise sei.

Sie erfuhren nun auch, was für ein Land es sei, in welches sie gekommen waren, doch wird der Name desselben nicht erwähnt.

Das Weib meinte, sie hätten wenig Glück gehabt, da sie in ein Land kämen, wo keine Aussicht vorhanden sei, sich ihres Geschäftes zu entledigen.

Da es bereits Abend geworden war und das Wetter schlecht zu werden begann, baten die Abgesandten des Königs das Weib, es möchte ihnen Nachtherberge gewähren.

Dasselbe schwankte anfangs, indem es sagte, dass ihre schlechten Hütten durchaus nicht für Leute eingerichtet seien, welche gewohnt wären, in Königshallen zu sitzen. Auf ihr wiederholtes und eindringliches Bitten ließ es sich endlich doch bewegen, ihren Wunsch zu erfüllen.

Das Weib ließ die Leute des Königs eintreten und da gab es nicht wenig Erstaunen und Bewunderung unter ihnen, denn diese Herberge schien ihnen eher königlichen Sälen als ärmlichen Hütten zu gleichen.

Nach einer Weile deckte das Weib den Tisch für sie und setzte ihnen Leckerbissen vor, wie sich solche nur für Könige geziemen.

Während des Essens fragten sie die Wirtin unter anderem, ob sie ganz allein auf diesem Hofe wohne.

Sie meinte, dass man dies wohl sagen könne, doch habe sie ihre Tochter bei sich, aber nur damit sie an ihr einen Zeitvertreib besitze.

Nun baten die Leute des Königs, dass sie das Mädchen sehen dürften.

Nur ungern und mit Mühe und Not ließ sie sich endlich dazu herbei und führte das Mädchen zu ihnen. Aber sowie die Männer dasselbe erblickten, waren sie fast geblendet von seiner Schönheit, und es schien ihnen so reizend zu sein, dass sie mit Gewissheit darauf rechnen konnten, dass es auch dem König gefallen würde, wenn sie es mit sich nähmen.

Sie warben deshalb unverweilt im Namen des Königs um die Hand des Mädchens.

Das ältere Weib nahm ihre Rede für einen Scherz und antwortete ebenso, es wäre wahrscheinlich oder doch annehmbarer, dass der König an einer Häuslers Tochter größeren Gefallen finden könne. Sie sagte weiter, dass es für solche und ähnliche Weiber aus armen Hütten besser sei, nicht zu solchen Würden zu gelangen, da sie darauf gefasst sein müssten, wegen ihrer Unwissenheit und Ungeschliffenheit die Ehren bald wieder mit Schande zu verlieren.

Aber die Gesandten des Königs bestanden nur umso fester auf ihrem Verlangen, und als das Weib sah, dass es ihr voller Ernst war, versprach es endlich, dem König die Tochter zum Weibe zu geben und sie mit ihnen fahren zu lassen, jedoch unter der Bedingung, dass sie, wenn der König sie nicht haben wollte, dieselbe wieder zurückbringen müssten.

Dies versprachen sie und sie schliefen sodann die Nacht hindurch.

Am nächsten Morgen verlangten die Leute des Königs, dass das Mädchen mit ihnen zu den Schiffen komme. Die Mutter war damit einverstanden, die Tochter ziehen zu lassen, sowie ihr bisschen Habe, dass sie mitnehmen müsse, zum Meere hinabgebracht sei.

Es wurde nun das Gepäck des Mädchens herbeigebracht und die Abgesandten mussten ihre ganze Schiffsmannschaft herbeirufen, um dasselbe zum Meere hinabbringen zu lassen, so groß war »das bisschen« Habe, welches das Mädchen mit sich nahm.

Als dies geschehen war, folgten Mutter und Tochter den Leuten des Königs zum Meeresstrande. Dieselben sprachen leise zusammen und die Leute konnten nicht verstehen, was sie sagten, nur einer hörte, dass das ältere Weib sagte, man solle ihr den Stein schicken.

Als sie bei den Schiffen angekommen waren, sagte die Mutter des Mädchens, dass sie hier zurückbleiben wolle, küsste ihre Tochter und wünschte alles Glück und Wohlergehen.

Hierauf lichteten sie die Anker und stachen in das Meer hinaus. Sie hatten eine gute Fahrt und landeten nicht weit vom Königsschlosse.

Der König erfuhr sogleich, dass seine Abgesandten angekommen seien. Er ging denselben mit zahlreichem Gefolge entgegen und empfing sie freundlich. Überaus erfreut aber war er, als er die zukünftige Königin erblickte, die sie ihm verschafft hatten, denn dieselbe war schöner und feiner in den Manieren als alle anderen Mädchen, welche je seine Augen gesehen hatten.

Der König ging nun mit der ganzen Schar nach der Halle und es wurde ein großes Festmahl für die Angekommenen veranstaltet. Kurze Zeit darauf heiratete der König das Mädchen und liebte seine Frau sehr.

Bald nachdem der König diese neue Königin geheiratet hatte, war er gezwungen, in ein anderes Königreich zu ziehen, er ließ seine Schiffe zur Fahrt ausrüsten und da er voraussetzte, dass er lange ausbleiben würde, bat er die Königin mit den eindringlichsten Worten, seine Kinder gut zu behandeln und freundlich gegen sie zu sein.

Die Königin versprach es ihm gerne.

Als guter Wind eintraf, segelte der König fort und er kommt nun längere Zeit in der Geschichte nicht vor.

Wir müssen wieder zurück zur neuen Königin.

Eines Tages, als schönes Wetter war, ging dieselbe zu den Königskindern Sigurd und Ingibjörg und lud sie ein, mit ihr zum Strande des Meeres zu gehen, um sich zu erlustigen. Die Kinder wollten jedoch nicht mit ihr gehen, denn sie trauten dieser ihrer Stiefmutter nicht.

Die Königin stellte sich, als ob sie darüber erzürnt wäre und sagte, sie habe das Recht, dies mit Gewalt zu fordern, wenn sie es nicht freiwillig tun wollten.

Da blieb den Kindern nichts anderes übrig, als mit ihr zu gehen.

Sie gingen alsdann alle drei zum Meere hinab und wandelten eine kurze Strecke längs des Strandes dahin, bis sie zu einem großen Stein kamen, der am Ufer lag, derselbe schien jedoch nur ein Stein zu sein, denn er war dem übrigen Gestein, welches am Strande herumlag, ganz ungleich. Die Königin blieb also bei diesem Steine stehen und sagte zu demselben:

»Öffne dich!«

Da öffnete sich der Stein und im selben Augenblick stieß die Königin die beiden Königskinder in denselben hinein, schloss ihn wieder und wälzte ihn in das Meer hinein. Hierauf kehrte die Königin wieder in das Schloss zurück und kommt nun längere Zeit in der Geschichte nicht vor.

Wir bleiben jetzt eine Weile bei den Königskindern. Dieselben bemerkten, dass der Stein mit großer Gewalt dahin getrieben wurde, und es dauerte unglaublich lange, bis er endlich ruhig liegen blieb. Da vermutete Sigurd, dass der Stein irgendwo ans Land gekommen sein müsse. Es kam ihm der Gedanke, ob er nicht das Gleiche tun könne wie die Königin, und sagte:

»Öffne dich!«

Da öffnete sich der Stein und Sigurd sah nun, dass derselbe am Ufer eines Landes lag.

Die beiden Kinder stiegen aus dem Steine ans Land und dasselbe schien ihnen unbewohnt zu sein, denn sie suchten vergebens nach einer Hütte oder einem anderen Zufluchtsorte. Da beschlossen sie denn, selbst eine kleine Hütte für sich zu bauen, in der sie sich aufhalten könnten.

Sigurd war früher gewohnt gewesen auf die Jagd zu gehen und als die Geschwister mit der Königin, ihrer Stiefmutter, fortgingen, hatte Sigurd heimlich eine Schusswaffe, ein Messer und eine Flöte zu sich gesteckt. Diese Gegenstände kamen ihnen nun sehr zu Nutzen.

Sigurd versuchte Wild und Vögel zu schießen, welche ihnen zur Speise dienen sollten, und es gelang ihm auch ganz gut, doch fehlte es ihnen jetzt an Feuer, um die erlegten Tiere zu sieden oder zu braten, und so befanden sie sich denn in einer sehr bitteren Lage.

Eines Tages begab sich Sigurd, wie öfter, landeinwärts, um Wild und Vögel zu jagen, und ging diesmal viel weiter, als er es sonst gewöhnt war. Da gewahrte er in der Ferne ein ganz kleines Gehöft und ging auf dasselbe zu. Er sah hier keinen Menschen und kein anderes lebendes Wesen und kletterte darum zu dem Rauchloch der Küche empor, um durch dasselbe hinab zu schauen und vielleicht etwas Näheres zu erfahren.

Da sah er ein altes Weib, welches damit beschäftigt war, die Asche von dem Herde wegzunehmen und dieselbe zwischen seine Füße zu schaufeln. Die Person ging dabei sehr unreinlich zu Werke, wie ja auch sie selbst sehr schmutzig und hässlich war. Aus ihrem ganzen Benehmen glaubte Sigurd zugleich schließen zu können, dass sie blind sein müsse.

Er beschloss daher zu versuchen, ob er nicht in die Hütte hineinschleichen und der Alten heimlich einen ganz kleinen Feuerfunken stehlen könne. Dies tat er denn auch und es ging alles ohne Schwierigkeit vonstatten, die Alte bemerkte ihn nicht, und er glaubte annehmen zu können, dass sie auf dem Hofe ganz allein sei.

Sigurd eilte nun mit dem Feuer heim zu seiner Schwester und diese empfing ihn mit Freuden. Er bat sie auf das Eindringlichste, gut auf das Feuer acht zu geben und es nicht verlöschen zu lassen. Aber die Königstochter war nicht gewöhnt, Feuer zu hüten und dasselbe ging daher bei ihr in jeder Nacht aus, so dass Sigurd jeden Tag wieder neues Feuer holen musste, wobei er immer auf die gleiche Weise vorging.

Die Geschwister lebten dort einige Zeit von dem, was Sigurd auf seinen Jagden erbeutete. Es ging ihnen regelmäßig jede Nacht das Feuer aus und regelmäßig gelang es Sigurd wieder, solches der Alten zu entwenden. Bisweilen hörte er jedoch, dass dieselbe, wenn er das Feuer genommen hatte, vor sich hin murmelte:

»Spät kommen sie, die Teufelskinder.«

Sigurd vermutete, dass diese Rede ihm und seiner Schwester gelte, welche auf so wunderbare Weise dahingekommen waren. Er hatte daher immer große Furcht, wenn er bei dem Weibe war und hielt jedes Mal den Atem an, wenn er das Feuer nahm. Das aber schien ihm das Allerschlimmste zu sein, dass seine Schwester ihn unablässig mit der Bitte bestürmte, er möchte ihr versprechen, dass er sie einmal mit dahin gehen lasse, von wo er das Feuer hole, denn er wusste, dass sie sich nicht zurückhalten könne, über alles laut aufzulachen, andererseits wieder konnte er es schwer über sich bringen, ihr etwas abzuschlagen, das er im Stande war, ihr zu gewähren. Sie drängte so lange in ihn, dass er endlich nachgeben und ihr versprechen musste, sie dahin mitzunehmen. Sie musste ihm jedoch geloben, sich durch nichts zum Lachen oder zu irgendeinem Laute bringen zu lassen, was immer sie auch sehen oder hören möge, denn es stehe ihrer beiden Leben dabei auf dem Spiele, sagte er.

So machten sich denn eines Tages die beiden Geschwister auf den Weg zu dem Hofe. Als sie dahin kamen, stiegen sie beide leise zum Rauchloch empor, wie Sigurd es immer zu tun pflegte. Dies ging auch ganz gut. Als sie nun aber durch das Loch in die Küche hinabschauten, da kam es, wie zu erwarten war. Die abscheuliche Alte stand vor dem Herde und spreizte die Füße über die Aschengrube, welche ziemlich groß war. Sie war ganz mit Asche bestäubt, da sie damit beschäftigt war, die Asche vom Herde wegzufegen und zwischen ihre Füße zu werfen, wobei ganze Wolken empor wirbelten. Da konnte sich die Königstochter nicht länger zurückhalten, sondern lachte laut auf, oben beim Rauchloch.

Da sagte das alte Weib:

»Hä, hä, dahin sind sie also gekommen, die Teufelskinder!«

Bei diesen Worten erhob sich die Alte und polterte hinaus. Sie war jetzt so flink auf den Füßen, dass die Kinder ihr nicht entkommen konnten, obschon sie eilig davonlaufen wollten, denn die Königstochter musste noch immer lachen, die Alte kam ihr ja gar zu lächerlich vor, besonders auch, als sie zu laufen anfing.

Das Weib holte die beiden Geschwister bald ein und führte sie an einem Zügel in ihre Hütte hinein. Hier stellte sie dieselben in eine Art von Verschlag, welches ihr Schweinestall war, und band sie jedes an einen Pfosten. Sie gab ihnen gutes und reichliches Essen, aber dennoch erschien den beiden Geschwistern das Leben langweilig, denn es war in der Hütte halbfinster und roch schlecht. Außerdem wurden sie auch dadurch beunruhigt, dass das alte Weib öfter leicht in ihre Finger biss und sagte:

»Sie sind noch nicht fett genug.«

Sie trachteten nun auf jede Weise sich zu befreien, doch dies war keine leichte Sache. Nach langen Mühen gelang es Sigurd endlich, das Band an der einen Hand zu zerbeißen, er konnte zu seinem Messer gelangen und mit diesem zerschnitt er das übrige Band an sich sowohl wie an seiner Schwester. Hierauf schlachteten die beiden Geschwister zwei Schweine der Alten, zogen ihnen die Haut ab, und krochen selbst in die Bälge.

Des Morgens ließ die Alte wie gewöhnlich die Schweine ins Freie und zählte sie vorher. Unter ihnen waren aber die Königskinder. Sowie dieselben den Klauen des Weibes entronnen waren, warfen sie die Schweinsbälge von sich und sahen, wie die Alte in dem Stalle herumzutasten begann, als sie die beiden Kinder nicht fand. Darüber lachte Ingibjörg laut auf, so dass die Alte nun wusste, dass die Kinder ihr entkommen waren. Diese eilten aus allen Kräften davon, als sie hörten und sahen, dass das Weib hinter ihnen nachgelaufen kam. Sie kamen zu einer Kluft, über welche sie hinweg springen konnten. Die Alte raste ihnen nach, da sie aber blind war, sah sie die Kluft nicht und dachte auch in Folge ihrer Raserei nicht daran, dass dieselbe sich hier befand, sie stürzte daher kopfüber hinein und brach den Hals. Wenige betrauerten ihren Tod, am wenigsten aber die beiden Geschwister. Diese waren im Gegenteil sehr erfreut, denn sie hatten jetzt Ruhe vor dieser Hexe.

Nur eines betrübte die Königskinder und dies war, dass sie beide ganz allein in diesem öden Lande leben mussten. Sie dachten sich daher auf jede Weise die Zeit zu vertreiben und Sigurd setzte sich, wenn er auf der Jagd war, oft nieder und blies lange auf der Flöte.

Eines Tages ereignete es sich, dass die Königskinder auf dem Meere ein Schiff sahen, welches nicht weit vom Lande dahinsegelte. Da strengte sich Sigurd, so sehr er nur konnte, an, um recht laut auf seiner Flöte zu blasen. Die Schiffe nahmen die Richtung gegen das Land und nun waren die Geschwister nicht wenig glücklich, Sigurd strengte sich noch mehr an, so laut als möglich zu blasen.

Eines von den Schiffen legte am Strande an, die anderen aber blieben in einiger Entfernung vom Lande.

Da gab es keine geringe Freude, denn auf diesem Schiffe war der Vater der beiden Geschwister. Er stieg mit wenigen Männern ans Land und Vater und Kinder erkannten einander sogleich. Diese stürzten demselben freudetrunken in die Arme, er aber war aufs Höchste erstaunt, seine Kinder hier in diesem öden, unbewohnten Lande zu finden, denn er wusste nicht, was sich inzwischen zu Hause ereignet hatte.

Keiner von den Leuten des Königs hatte aber mit ihm an dieses Land fahren wollen, da sie glaubten, dass hier böse Geister hausten, und das Flötenspiel für eine Art Gesang von Meerweibern hielten, welche die Flotte des Königs ins Verderben ziehen wollten, wenn sie sich durch den Gesang hätte anlocken lassen. Darum blieben auch die übrigen Schiffe in einiger Entfernung vom Lande liegen, während das Schiff des Königs alleine ans Land fuhr.

Der König fragte die Kinder, wieso es komme, dass sie sich hier befänden. Da erzählten sie ihm alles, was sie darüber wussten, sowie ihre Schicksale, seit sie in dieses Land gekommen waren.

Der König nahm die Kinder mit sich auf das Schiff und verbot seinen Leuten, das Geringste von diesem Ereignis bekannt werden zu lassen. Hierauf ließ er die Flotte wieder weiter segeln und zwar direkt seinem Reiche zu, wo er an einem besonders gewählten Orte landete und die Kinder vorläufig verborgen hielt.

Nun kam die Königin ihrem Manne entgegen und empfing ihn mit größter Freundlichkeit.

Der König zeigte sich nicht sehr erfreut und fragte, warum denn seine Kinder nicht gekommen seien, um ihn zu empfangen, wie es immer ihre Gewohnheit war.

Die Königin bat ihn, nicht davon zu sprechen und begann zu jammern und zu weinen. Sein Land sei von einer bösartigen Krankheit heimgesucht worden und dieselbe habe auch seine »lieben Kinder« trotz ihrer und anderer Pflege und Fürsorge dahingerafft.

Niemand aber wagte es, den Worten der Königin zu widersprechen, so gut hatte sie früher alles vorbereitet.

Der König stellte sich, als ob er über diese Nachricht sehr betrübt wäre, diejenigen aber, welche ihn genauer kannten, bemerkten, dass es ihm mit seinem Kummer nicht ernst war.

Er fragte die Königin, ob die Kinder begraben worden seien.

Halb weinend antwortete sie, dass dies geschehen sei. Da wollte der König gleich zu ihren Grabstätten gehen, um sie zu sehen. Die Königin versuchte dies jedoch auf jede Weise zu verhindern und sagte, dass dieser Anblick nur seinen Kummer vermehren würde. Sie sprach dabei in so süßen Worten und war so zärtlich gegen ihn, als sie nur konnte, so dass es allen leid tat, wie hartherzig der König war, der unerbittlich darauf bestand, die Grabstätten seiner Kinder zu sehen. Dieselben mussten ihm endlich gezeigt werden. Als er dahin kam, bewunderte er zwar die Schönheit derselben, konnte jedoch unmöglich weinen. Dies scheine ihm sehr seltsam zu sein, meinte er.

Der König begab sich hierauf mit seinem Gefolge heim in das Schloss und die Königin ließ ein großes Freudenmahl für ihn veranstalten.

Es verstrich nun einige Zeit, in der der König jeden Tag zu den angeblichen Grabstätten seiner Kinder ging, ohne aber über denselben weinen zu können, und er sagte immer, dass er sich darüber wundere.

Endlich begehrte er, dass die Kinder wieder ausgegraben werden sollten, damit er – wie er sagte – die Leichen und deren Zurüstung sehen könne.

Die Königin beschwor ihn mit den zärtlichsten Worten, von diesem Vorhaben abzusehen, allein der König blieb auch diesmal unerbittlich und ließ die Gräber eröffnen. Es wurden die Särge herausgenommen, welche sehr prächtig waren. Aber der König wollte, dass auch diese geöffnet würden. Die Königin und viele andere machten ihm abermals Vorstellungen und sagten, dass dies ja den Kummer des Königs mehren müsse, wenn er seine Kinder oder vielmehr deren Leichen so lange Zeit nach ihrem Tode sehen würde.

Der König bestand nur umso fester auf seinem Verlangen und die Särge wurden geöffnet. Da befand sich in jedem derselben die Leiche eines jungen Hundes, doch keine der Kinder.

Der König sagte, er sehe nun, dass hier verbrecherischer Betrug im Spiele sei und er habe dies schon früher gewusst. Er wollte hierauf der Königin sogleich das Leben nehmen lassen. Diese gestand ihre ganze Untat ein und bat den König um Gnade. Sie habe ohnehin nur mehr kurze Zeit zu leben, sagte sie.

Es wurden nun die Kinder des Königs herbeigeführt und dieselben erzählten alle ihre Schicksale. Auch der König und seine Gefährten teilten jetzt mit, was sie erlebt hatten.

Die Königin erhielt von dem König, trotz der Einwendungen seiner Ratgeber, die kurze Lebensfrist bis zu ihrem Tode, welcher auch bald darauf erfolgte.

Märchen aus Island

Der Schusterjunge

E s war einmal ein Schusterjunge. Er war der Sohn eines Pfarrers und sollte eigentlich, so wie sein Vater, auch Pfarrer werden. Aber da verlor er, noch ehe er vierzehn Jahre alt war, Vater und Mutter, es fand sich niemand, der sich um ihn kümmerte und zum Lernen anhielt.

So kam er also in die Lehre eines Dorfschusters und da war er nun, als diese Geschichte beginnt, drei Jahre dort gewesen. Er hatte viele Hiebe mit dem Spannriemen einstecken müssen, wenn der Meister ihn, in Gedanken versunken, dabei ertappte, wie er den Pechdraht um den Finger wickelte, statt zu nähen, oder der Schusterkugel Gesichter schnitt, statt Zwecken einzupflöcken.

Und die Hiebe hatten ihn denn auch so weit gebracht, dass er alles, was zum Handwerk gehörte, gelernt hatte, er konnte Leder zuschneiden, nähen, nadeln und pflöcken. Aber er hatte niemals Lust an dem Leisten, zu dem er gekommen war.

Da geschah es eines Tages, dass ihm sein Meister sagte, an diesem Tag brauchte er nicht zu Hause sitzen und nähen, er solle dafür in den Wald gehen und Pflöcke[1] schneiden, denn sie hätten in der Werkstatt keine mehr. Und da war er auch schon im Umsehen im Wald und das war so richtig etwas für ihn. Aber an die Pflöcke dachte er nicht mehr. Er musste auf jeden Hügel und in jedes Tal, er musste Himbeeren pflücken, nach Vogelnestern auf die Bäume klettern, er musste sich die Ameisenhaufen ansehen und Schmetterlinge fangen. Und der Tag verstrich und der Abend kam, aber Pflöcke hatte er noch nicht.

---

1   sind kleine Holzstifte, dicker und kürzer als Zahnstocher, mit einem spitzen Ende. In Handwerksarbeit wurden damit die verschiedenen Sohlen eines Schuhs miteinander verbunden.

Da fiel ihm endlich ein, weshalb er eigentlich hierhergekommen sei. Da fing er an, nach Holunderbüschen zu suchen, denn er musste ja Holunderholz für die Stifte haben. Aber es war kein Holunder zu finden, es wurde dunkel draußen im Wald und er wusste nicht, wo er war. Und da dachte er nun an nichts anderes als das eine, wieder aus dem Wald hinauszukommen. Er begann zu laufen, bis er glücklich aufs freie Feld gekommen war. Gerade in dem Augenblick, als er dort hinauskam, sprang ein großer Hund auf ihn zu, bellte ihn an und er konnte ihn verstehen: »Wau, Wau, du Menschenkind«, sagte er, »du musst mir sofort wieder in den Wald folgen, dort ist jemand, der mit dir sprechen will.«

Der große Hund sprang um ihn herum und bellte immer weiter, so dass er nichts anderes wagte, als ihm in den Wald zu folgen.

Dort lag ein großer Kronhirsch tot auf der Erde, neben ihm stand ein mächtiger brauner Bär und brummte, dicht dabei saß ein weißer Falke auf einem Ast und schrie, oben auf einem Grashalm saß eine kleine schwarze Ameise und pfiff. Aber die Ameise war zuerst weder zu sehen noch zu hören. Da brummte der Bär und sagte zum Schusterjungen, er solle den Hirsch zwischen ihnen vier teilen. Sie hätten alle auf ihn Anspruch, könnten sich aber über die Beute nicht einig werden.

Da holte er sein Messer heraus und zog dem Tier das Fell ab. Dann nahm er zuerst den Kopf und gab ihn der Ameise.

»Der ist am besten für dich«, sagte er, »denn da sind so viele Löcher und Kammern drin, in die du hinein- und hinauslaufen kannst.«

Dann schnitt er das Tier auf, nahm alle Eingeweide heraus, die gab er dem Falken: »Damit bist du am besten bedient«, sagte er, »die sind so schön weich zum Hineinhacken.«

Dann schnitt er die Beine ab und gab sie dem Hund: »Die sind am besten für dich«, sagte er, »daran kannst du ordentlich malmen.« Aber den Rumpf gab er dem Bären: »Denn du bist so groß und so stark«, sagte er, »du kannst ihn am besten zerreißen.«

Mit der Teilung waren sie alle sehr zufrieden und jeder machte sich gleich über seinen Anteil her. Der Junge nahm das Fell und machte sich unverzüglich aus dem Staube. Dabei dachte er so für sich, wenn der Meister das schöne Hirschfell bekäme, würden ihm die Hiebe erspart bleiben, weil er doch keine Pflöcke hatte.

Aber als er gerade aus dem Wald hinauskam, kam der Hund hinter ihm her geschossen und sagte, er müsse noch einen Augenblick mitkommen, der Bär wolle mit ihm sprechen.

Das war dem Jungen gar nicht angenehm. Er dachte, er hätte das Fell vielleicht gar nicht mitnehmen dürfen. Und er klagte daher dem Hund sein Leid und sagte, wenn es nicht richtig gewesen sei, wenn er sich an dem Fell vergriffen habe, dann müsse er um Verzeihung bitten, er bat jetzt den Hund, es wieder zurückzubringen. Er hatte überhaupt keine Lust, wieder zurück zum Bären zu kommen: ›Denn jetzt, wo sie mit dem Hirsch fertig sind, teilen sie wohl dich mit Haut und Haar‹, dachte er so bei sich.

Aber der Hund sagte, er dürfe gern das Fell behalten, der Bär wolle nur ein Wörtchen mit ihm reden. Da musste er schon zurückgehen. Der Bär war sehr freundlich und sagte ihm, dass sie alle vier übereingekommen seien, ihm etwas zu schenken, weil er so gut zwischen ihnen geteilt habe. Fortan solle er die Macht haben, wann immer er es wünsche, zu einem Bären zu werden, genauso groß und stark und klug wie er selber sei. Sobald er wolle, sei er wieder Mensch. Der Hund sagte, er könne sich in einen Hund verwandeln, der ebenso schnell wie er selber sein würde und mit ebenso feiner Witterung. Der Falke sagte, er würde sich in einen Falken verwandeln können, mit genauso schönen Federn, ebenso schnellen Schwingen und genauso scharfen Augen wie er selbst habe. Schließlich sagte die Ameise, er könne sich in eine Ameise verwandeln, ebenso klein, so hübsch und so gescheit wie sie selber sei.

Der Junge dankte ihnen vielmals für ihre Güte und dann beeilte er sich, nach Hause zu kommen. Aber als er in die Nähe des Hauses des Schusters kam, dachte er, es sei doch nur ein karges Vergnügen, dort wieder zur Ahle und zum Pechdraht zu kommen. ›Wenn er doch jetzt nur ein Falke wäre!‹, dachte er, im selben Augenblick war er es. Er breitete seine Flügel aus und schoss wie ein Pfeil durch die Luft. Er flog und flog über Land und Wasser. Er wollte sofort ganz weit fort, so kam er ganz bis unten nach Spanien. Dort flog er herum und freute sich über alles, was er sah: Berge und Flüsse, Städte und Menschen, alles das war so neu und so wunderschön!

So flog und flatterte er umher, bis er zu einem großen Schloss kam, weit größer und prächtiger als alle anderen, die er gesehen hatte. Es war nicht schwer zu sehen, dass es ein Königsschloss war. Aber merkwürdig daran war, dass alle Fenster, die nach Westen und Süden zeigten, zugemauert waren, nur durch die Nordfenster konnten Licht und Luft in das prachtvolle Schloss kommen. Draußen vor den Fenstern lag ein schöner großer Garten, wo die Sonne schien, die Blumen dufteten und die Vögel sangen. Da flog der Falke hin und setzte sich vor einem offenen Fenster in einen hohen Baum. Drinnen war große Gesellschaft. Dort saß die junge, schöne Prinzessin mit ihren Hofdamen, ihr Vater, der König, war auch bei ihr. Die Königin war tot, die Prinzessin war ihr einziges Kind, der König liebte sie über alles in der Welt. Er hatte ihretwegen das ganze Schloss so umgebaut, dass keine Fenster darin waren, als auf der Nordseite. Denn es war ihr bei der Geburt prophezeit, wenn auf sie die Sonne schiene, noch ehe sie dreißig Jahre alt wäre, würde sie von einem Troll entführt werden, dem ihre Mutter sie noch vor ihrer Geburt versprochen hätte. Die Prinzessin war nun fünfzehn Jahre alt und sie hatte während ihres ganzen bisherigen Lebens innerhalb des Hauses leben müssen.

Nur abends, wenn die Sonne untergegangen war, konnte sie einen kleinen Spaziergang in dem schönen Garten machen, sonst musste sie immer im Hause bleiben.

Man kann sich wohl denken, dass der Falke seine Augen gebrauchte. Noch nie hatte der arme Schusterjunge ein so schönes Mädchen gesehen, mit Haaren so glänzend schwarz wie Rabenschwingen, einer Haut so blendend weiß wie das Gefieder des Falken und ein Paar Augen so blank wie des Falken eigene.

Die Königstochter war auch die Erste, die den wilden Vogel draußen im Baum erblickte. »Vater«, sagte sie, »sieh doch den schönen fremden Vogel, der da draußen sitzt!«

Der König sah hinaus: »Ja, du hast recht«, sagte er, »das ist ein seltener Vogel, der hoch oben im Norden zu Hause ist, er hat ein königliches Wesen und ist auch wie ein König unter den anderen Vögeln. Es lohnt sich, ihn zu besitzen, wenn man ihn nur fangen könnte.«

Die Kammerfrau der Prinzessin war eine alte erfahrene Dame und sie sagte, sie wüsste schon, wie man einen solchen wilden Vogel fangen könnte. Sie band eine Schnur ans Fenster, legte ein Stück Fleisch auf die Fensterbank und dann gingen sie alle, bis auf die Prinzessin, aus dem Zimmer. Sie wollte selbst diejenige sein, welche den Vogel finge. Nun versteckte sie sich also drinnen, mit dem Ende der Schnur in der Hand und wartete, bis der Falke kam und sich auf die Fensterbank setzte. Da zog sie das Fenster zu und der Falke war gefangen.

Aber der Falke war gar nicht wegen des Stückes Fleisches auf die Fensterbank geflogen. Denn als er die schöne Prinzessin nicht mehr sah und das Zimmer ganz leer wurde, konnte er sich nicht mehr zurückhalten, sondern musste ins Zimmer hinein, um sich dort umzusehen.

So wurde er gefangen. Als er sah, wem er ins Netz gegangen, war er deswegen auch nicht böse, sondern fand sich sehr zahm und geduldig darein, so dass ihn die Prinzessin greifen, streicheln und tätscheln konnte, in einen großen, vergoldeten Bauernkäfig steckte, wie wenn er ein Papagei wäre. Dann rief sie die anderen herein und sowohl der König als auch alle Hofdamen konnten den schönen Vogel, den sie bekommen hatten, nicht genug bewundern. Die Prinzessin war so froh und stolz über ihren Fang, dass das Bauernkäfig nirgendwo anders als in ihrer Schlafkammer stehen durfte. Der Falke litt keine Not. Die Prinzessin fütterte ihn mit Fleisch und Brot, gab ihm viele zärtliche Namen. Aber auf die Dauer war es doch zu langweilig, im Bauer auf einer Stange zu sitzen. An einem frühen Morgen, als es hell wurde und die Prinzessin noch im Bett lag und schlief, fiel es dem Falken ein, zu sich selbst zu sagen: ›Wäre ich doch jetzt eine Ameise!‹

Und da war er auch schon eine Ameise, es fiel ihm leicht, aus dem Bauernkäfig hinauszukommen. Aber als sie nun unten auf dem Boden war, dachte er:

›Wenn ich doch jetzt bloß wieder ein Schusterjunge wäre!‹

Sofort war er ein Schusterjunge und stand auf beiden Beinen mitten in der Schlafkammer der Prinzessin. Im selben Augenblick wachte die Prinzessin auf, schrie in wilder Angst, griff nach dem Klingelzug, der neben ihrem Bett hing, läutete drauflos, so dass alle Kammermädchen und Hofdamen hereingestürzt kamen.

Aber indessen war der Schusterjunge ja wieder im Umsehen zur Ameise geworden und die Ameise zum Falken, der schön und nett auf seiner Stange im Bauernkäfig saß. Als die Damen und Jungfern nun zu ihr hereingestürzt kamen und wissen wollten, was passiert sei, und sie sagte, sie habe einen Mann in ihrer Schlafkammer gesehen, suchten sie überall herum, in den Schränken und unter dem Bett. Aber es war niemand da. So waren sie alle überzeugt, dass niemand in der Kammer war, denn Mannsleute könnten wohl nicht durch verschlossene Türen und Fenster gehen. Deshalb bekam sie

Tropfen und Pulver und musste den Tag über im Bett bleiben, in der darauf folgenden Nacht wurde bei ihr gewacht. Sie schlief in dieser Nacht ganz ruhig. Am Morgen stand sie auf und beeilte sich, den Falken zu füttern. Sie setzte ihn auf ihre Hand und streichelte sein weißes Gefieder, sie küsste und streichelte ihn, nannte ihn ihren herzliebsten Freund und sagte, es sei eine Schande, dass sie ihn den ganzen gestrigen Tag vernachlässigt hätte. Da sprach der Falke: »Du darfst keine Angst vor mir haben, Prinzessin!«

»Kannst du auch sprechen?«, sagte sie. Ja, er könne mehr als das, sagte der Falke und wenn sie versprechen würde, ihn nicht zu verraten, dann solle sie erfahren, was das sei. Das versprach sie sogleich. Da sagte ihr der Falke, er könne, wann er wolle, sich in eine Ameise, in einen Hund, in einen Bären und auch in einen Menschen verwandeln, er sei es gewesen, über den sie gestern Morgen so erschrocken war.

Die Prinzessin war neugierig, ihn in allen Gestalten zu sehen. Über die Ameise lachte sie, über den Hund freute sie sich, vor dem Bären fürchtete sie sich. Aber als sie ihn in seiner eigenen menschlichen Gestalt sah, hatte sie keine Angst mehr, sondern er gefiel ihr so am allerbesten. Denn gleich und gleich gesellt sich gern. Obwohl sie eine Königstochter und er nur ein Schusterjunge war, so war er doch ein sehr hübscher junger Mann und sie war doch auch nicht mehr als ein Menschenkind. Von dieser Zeit an brauchte er nicht mehr im verschlossenen Bauernkäfig zu sitzen und durfte sie überall in seiner Falkengestalt begleiten. Er saß auf ihrer Schulter und aß aus ihrer Hand, wenn sie bei Tische saßen. Sie trug ihn auf ihrer Hand, wenn sie abends mit ihren Damen im Schlossgarten spazierte. Aber wenn sie allein in ihrer Kammer war, nahm er seine Menschengestalt an, sie hatten viel miteinander zu reden und sie liebten sich beide über alle Maßen. Sie waren sich einig, dass sie Mann und Frau werden wollten, aber die Prinzessin wusste nur zu gut, dass ihr Vater sie nie in aller

Ewigkeit mit einem Schusterjungen verheiraten würde, genau so wenig wie mit einem Bären oder einem Hund, einem Falken oder einer Ameise. Da hatte sie eine Idee. Sie gab ihm einen Beutel voller Goldstücke und sagte, er solle jetzt fortfliegen, Menschengestalt annehmen, sich königliche Kleider kaufen und prächtige Pferde, Knappen und Pagen in seinen Dienst nehmen, dann in fürstlichem Aufzug herkommen und um sie anhalten.

Eines Tages war dann der Falke verschwunden und niemand außer der Prinzessin wusste, wohin er geflogen war. Sie tat, als wäre sie ganz untröstlich über den Verlust ihres herrlichen Falken, der König war wirklich sehr verärgert, dass sie den seltenen fremden Vogel verloren hatten. Aber dabei war ja nichts zu machen. Nun hatte sich schließlich der König den Falken aus dem Kopf geschlagen und die Prinzessin ihre Trauer verwunden, als einen Monat später ein prächtiger Aufzug in den Königshof geritten kam.

Das ist der Sohn des Königs von England, Prinz Falk, hieß es, der mit seinem Gefolge von Rittern, Knappen und vierundzwanzig aufgezäumten, gold- und silberblitzenden Rossen herankam. Sie wurden gastfrei im Schloss des spanischen Königs aufgenommen. Der fremde Königssohn brachte sein Anliegen vor und warb um des Königs Tochter.

Der König antwortete, er wolle die Entscheidung seiner Tochter überlassen, er wolle ihr keinen Mann aufzwingen. Aber er stellte die Bedingung, dass der, den sie zu ihrem Ehemann wählte, dort sein müsste, wo sie war, und wohnen blieb im Schloss mit den Fenstern zum Norden hin und sie nicht aus ihrem Heim fortführen dürfe, bevor sie dreißig Jahre alt sei und jetzt war sie erst fünfzehn. Denn wenn die Sonne sie vor dieser Zeit bescheine, gehörte sie den Trollen und der König hätte ihrer Mutter gelobt, bis dahin über sie zu wachen. Darauf ging der fremde Prinz ein. Nun wurde nach der Prinzessin geschickt, sie möge kommen, den Freier in Augenschein nehmen und sich innerhalb dreier Tage entscheiden. Sie wartete dann auch bis zum dritten Tag, bis sie sagte, dass, wenn ihr Vater es wünsche, sie den englischen Prinzen heiraten würde, der ja kein anderer war als ihr herzliebster Falke. Die Sache wurde also abgemacht, es wurde erst Verlobung und dann Hochzeit gefeiert. Das dauerte viele Tage mit allerlei Festen und Lustbarkeiten. Eines Tages war die ganze Gesellschaft zu einem anderen königlichen Schloss gefahren, wo ein Turnier und ein Tierkampf abgehalten wurden. Aber das Brautpaar war zu Hause geblieben. Die Braut durfte ja wegen der Prophezeiung niemals nach draußen kommen. Es war ein trüber Tag und das Wetter sah mehr nach Regen als nach Sonnenschein aus. Da sagte Prinz Falk, es könne wohl keine Gefahr dabei sein, wenn man hinfahre und sich die prachtvolle Veranstaltung ansehe. Die Prinzessin wollte ja viel lieber mehr sehen, als das, was vor ihren nach Norden gehenden Fenstern lag. Sie fuhren also los und kamen zu der übrigen Gesellschaft. Aber kaum waren sie dort angekommen und hatten unter offenem Himmel Platz genommen, um das Turnier zu sehen, da brach für einen Augenblick die Sonne hervor und ein Strahl fiel auf die Prinzessin an der Seite ihres Bräutigams. Im selben Augenblick fühlte er, dass sie von ihm weggerissen wurde und er konnte sie nirgends mehr sehen.

Wärest du jetzt ein Hund, dachte er, sofort war er es und weg war er. Jetzt konnte er ja ihre Spur wittern. Nun war da ein Jammer ohnegleichen und eben so viel Trauer wie noch vor kurzem Freude gewesen war. Die Prinzessin war verschwunden und der Prinz auch. Die Hochzeitsgäste zerstreuten sich und alle fuhren nach Hause. Der König kehrte auch in sein Schloss zurück und schloss sich ein. Nun war das Unglück geschehen, das er so viele Jahre hindurch so bedachtsam zu verhindern versucht hatte. Indessen verfolgte der Hund die Spur, die führte ihn weit, weit hinaus in die wilde Wüste. Endlich verlor sie sich an einem Berg. Der Hund sprang nach rechts und nach links, er sprang hoch und runter, aber die Spur führte nicht weiter. In diesen Berg musste die Prinzessin entführt sein. Aber da war weder Tür noch Tor zu finden. Da verwandelte sich der Hund in eine Ameise und begann nach einem Eingang in den Berg zu suchen.

Es vergingen Stunden und Tage. Die Ameise lief auf und nieder, hinein und wieder heraus aus all den Klüften, Löchern und Spalten, die im Berg waren, dort, wo der Hund die Spur verloren hatte.

Da kam sie endlich in eine Spalte, der sie tiefer und tiefer in den Berg hinein folgte, bis sie in eine große Höhle gelangte, die gleichsam einen Vorhof zu einem ganzen Schloss bildete, das drinnen im Berg war. Die Ameise lief immer weiter, durch lange Gänge und über viele Treppen, durch einen Saal nach dem anderen, bis sie in eine Bergstube kam, wo eine brennende Lampe hing, dort saß die Prinzessin mit verweinten Augen und sie war nicht allein, sondern der garstige Troll war auch da. Er lag da, streckte sich und hatte sein grässliches Trollhaupt in ihren Schoß gelegt. Sie musste da sitzen und sein ekelhaftes Trollhaar kämmen, während er lag und schlief.

Die Ameise lief in das Zimmer hinein und an der Prinzessin hinauf, bis sie dicht an ihr Ohr kam. Dann flüsterte sie ihr zu:

»Hier bin ich, dein herzliebster Freund.« Sie zuckte zusammen, aber sie erkannte doch seine Stimme und sie hatte ja gesehen, dass ihr Falke auch eine Ameise sein konnte. Dann flüsterte er ihr zu: »Alles kann noch gut werden. Frage den Troll, wie lange du hierbleiben sollst!«

Da ließ sie die Hände fallen und hörte auf, das Haar des Trolls zu kämmen. Der Troll wachte nun auf und fragte: »Warum hörst du auf?«

»Ach, ich dachte nach«, sagte sie.

»So, was dachtest du denn?«, fragte der Troll.

»Ich dachte, ob ich all meine Tage hier bleiben muss«, sagte die Prinzessin.

»Ja, da kannst du sicher sein«, sagte der Troll, »ich gebe dich nicht frei, solange ich lebe. Versieh du nur deinen Dienst!«

Da ließ sie den Kamm wieder durch das garstige Trollhaar gleiten und der Troll schlief wieder behaglich ein.

Da flüsterte die Ameise wieder: »Frag mehr!«

Sie ließ wieder die Hände fallen, der Troll wacht auf und sagt: »Mach weiter! Verfällst du nun wieder in Gedanken?«

»Ja«, sagte die Prinzessin, »ich überlegte, wie lange dein Leben wohl dauern kann.«

»Na, das dachtest du?«, sagte der Troll, dann grinste er, »mein Leben währt länger als deines und mein Leben kann mir niemand nehmen, denn das ist in meinem Herzen und das hab ich nicht bei mir, das ist besser verwahrt. Versieh du nur deinen Dienst und lass die dummen Gedanken fahren!«

Da musste sie wieder den Kamm bewegen und der Troll schlief ein.

Aber die Ameise flüsterte von neuem: »Frag weiter!«

Da ließ die Prinzessin abermals die Hände im Schoß ruhen und der Troll wachte auf. Nun wurde er zornig, weil er in seinem guten Schlaf so oft gestört wurde. »Hol der Teufel die Gedanken«, sagte er, »sind es die nun wieder, die dich stören?«

»Du gibst mir ja selber so viel zum Nachdenken«, sagte die Prinzessin. »Du sagst, du hättest ein Herz, aber du hast es nicht bei dir. Das kann ich nicht verstehen. Wo ist es denn?«

»Es nutzt nichts, wenn du es weißt«, sagte der Troll, »aber es schadet auch nichts, du darfst es also gern wissen. Weit fort von hier, in einem Land, das Polen heißt, gibt es einen großen See, in dem See ist ein Drache, in dem Drachen ist ein Hase, in dem Hasen ist eine Ente, in der Ente ist ein Ei und in dem Ei ist mein Herz. Es ist gut versteckt, kannst du glauben, es gibt keinen, der das errät. Jetzt hab ich dir etwas zum Nachdenken gegeben. Aber wenn du nicht jetzt endlich deinen Dienst versiehst, dreh ich dir den Hals um. Verstanden!«

Da beeilte sich die Prinzessin mit dem Weiterkämmen. Der Troll schlief ein und schnarchte bald so stark, dass der Berg erbebte.

Da flüsterte die Ameise der Prinzessin zu, sie solle nur guten Muts sein, denn bald wäre sie von ihrer Knechtschaft befreit.

Und dann lief die Ameise, so schnell sie konnte hinaus aus der Stube, wurde zu einem Falken in der Luft und flog den weiten Weg nach Polen. Dort ließ sich der Falke am Ufer eines großen Sees nieder und wurde wieder zu einem Mensch. Es war gegen Abend, als Prinz Falk dorthin kam.

Er wanderte nun herum, aber von einem Drachen war nichts zu sehen.

Nun lag da ein kleines, einsames Haus. In das ging er hinein und bat dort um Nachtquartier. Nein, sie wären nur arme Leute, sagten sie und hätten keine Möglichkeit, so feine Leute wie ihn aufzunehmen. Ja, sie könnten ihn doch gern auf einem Stuhl sitzen lassen, sagte er und das durfte er dann auch.

Am nächsten Morgen war er früh auf den Beinen und ging sofort vor das Haus. Da sah er, dass da zwölf fette Schweine in einem Stall standen.

»Na, ihr seid doch wohl gar nicht so arm wie ihr euch ausgebt«, sagte er, als er wieder hereinkam, »ich sehe, ihr habt zwölf gute Schweine im Stall.«

»Ja, Gott sei uns gnädig!«, sagte der Mann, »so gut ist es nicht um uns bestellt, dass uns die Schweine gehören. Nein, die soll der Drache zum Frühstück haben. Denn draußen im See wohnt ein Drache, der das ganze Land verwüsten will, wenn ihm der König nicht jeden Tag zwölf fette Schweine gibt. Die werden jede Nacht hierhergetrieben und ich bin dafür angestellt, sie morgens hinunter zum Ufer zu treiben. Aber jetzt gibt es bald keine Schweine mehr im Lande und wenn die verschlungen sind, wird es uns allen wohl grausam ergehen.«

»So will ich dich begleiten«, sagte der Prinz.

»Ach nein!«, sagte der Mann, »wenn er bei mir einen Fremden sieht, reißt er uns beide in Stücke!«

Aber es half nichts, was auch immer der Mann sagen mochte. Der Prinz wollte mit und er begleitete auch den Mann, als der die Schweine hinunter zum See trieb.

Sie waren noch nicht lange gegangen, als sie im Walde ein Prasseln und Rasseln hörten. Das war der Drache, der über das Land stampfte, um sein Frühstück in Empfang zu nehmen.

›Wäre ich jetzt ein Bär!‹, dachte der Prinz und sofort war er es auch. Da brüllte der Drache: »Her mit meinen Schweinen!«

Aber der Bär sagte: »Du musst mich an ihrer Stelle nehmen!« Und damit fuhr er auf den Drachen los, sie kratzten und bissen sich eine ganze Weile mit Krallen und Zähnen, ohne dass einer den anderen überwältigen konnte. »Hätte ich jetzt die zwölf Speckseiten im Leibe«, sagte der Drache, »dann hätte ich dich schon erledigt!«

»Ja, hätte ich einen Bissen Brot und einen Schluck Wein gehabt, würde es mit dir aus gewesen sein«, sagte der Bär.

Jetzt waren beide so müde, dass sie nicht mehr konnten. Da wälzte sich der Drache in den See und verschwand. Aber der Bär wurde wieder Mensch und sagte zum Mann: »Die Schweine kannst du wieder in den Stall treiben, der Drache will heute kein Frühstück haben.«

Aber er selbst wollte etwas zu essen haben. Und er ging in die Königsstadt, die nicht weit weg war, und pflegte sich den Tag über gut mit Speise und Trank, erhielt einen guten Schlaf, ehe er am nächsten Morgen zu dem kleinen Haus am Seeufer hinausfuhr. Er kam dort früh genug an, gerade als der Mann vierundzwanzig Schweine hinaustrieb, denn der Drache hatte vom gestrigen Tag ja noch die zwölf zugute.

Sie hörten es nun wieder prasseln und rasseln, als der Drache ans Land stampfte, aber er war nicht ganz so mutig wie am gestrigen Tag, als er schrie: »Her mit meinen Schweinen!«

Der Prinz war jetzt wieder Bär und gab dieselbe Antwort: »Du musst mich an ihrer Stelle nehmen!« Sie fuhren aufeinander los, zerrten und balgten sich, so dass die Erde unter ihnen bebte. Schließlich sagte der Drache: »Ja, hätte ich nun die vierundzwanzig Speckseiten im Leibe gehabt, dann würde dein Leben jetzt zu Ende sein.« Der Bär antwortete: »Ja, hätte ich wahrhaftig nur einen Bissen Brot und einen Schluck Wein gehabt, dann wäre es mit dir aus gewesen.«

Dann wälzte der Drache sich in den See, der Bär war wieder Mensch und begab sich in seine Herberge zurück. Der Häusler sperrte die vierundzwanzig fetten Schweine in den Koben², dann eilte er zur Stadt, hinauf zum König und erzählte ihm, dass der Drache keine Schweine bekommen hätte, weder gestern noch heute, denn ein fürchterlich großer Bärenmensch sei gekommen und hätte mit dem Drachen gekämpft, bis keiner von ihnen mehr konnte. Er erzählte auch, was der Drache sagte und was der Bär sagte, bevor sie sich trennten. Das hörte der Sohn des Königs mit an. Er war erst ein Knabe, aber schon ein großer Wagehals. Es sei doch eine Schande, meinte er, dass niemand dem Bären zu dem Brot und Wein, das er brauchte, verholfen hätte. Dann sagte er nichts mehr. Aber er wusste, was er zu tun hatte.

Am nächsten Morgen trieb der Häusler sechsunddreißig Schweine zum Strand hinunter. Der König selbst hatte gesagt, dass man nichts anderes wagen konnte. Der Drache müsse haben, was ihm zustand, solange sie es herbeischaffen könnten. Denn dieser König war nun einmal kein Held.

Als die Schweine hinunter zum Strand kamen, stieg der Drache an Land und schnappte sich gleich eins von ihnen, noch bevor der Bär sich sehen ließ. Aber dann kam der Bär. Die beiden zerrten, rissen und bissen sich, dass es grausig anzusehen war. Aber keiner von ihnen vermochte den anderen zu überwältigen.

---

2 Stall

»Hätte ich nur die fünfunddreißig Speckseiten im Leibe«, sagte der Drache,»dann hätte dein Leben ein Ende.«

»Ja, hätte ich wahrlich einen Bissen Brot und einen Schluck Wein, dann würde es aus mit dir sein«, erwiderte der Bär. Im selben Augenblick wurde ihm ein großes Weizenbrot in den Rachen geworfen und eine ganze Kanne Wein hinterher. Es war der kleine Wagehals von Königssohn, der sich dort hinaus geschlichen hatte, jetzt die Gelegenheit nutzte und dem Bären gab, was er nötig hatte. Sobald er diese Herzstärkung bekommen hatte, stürzte er sich auf den Drachen, riss ihn zu Tode und schlitzte ihn auf. Da sprang ein lebendiger Hase aus dem toten Drachen heraus und lief, was er nur konnte, auf den nahen Wald zu.

Aber im selben Augenblick wurde der Bär zum Hund, holte den Hasen ein und biss ihn tot.

»Quak, quak, quak« tönte es. Da flog eine Ente aus dem toten Hasen heraus. Aber ebenso schnell war da anstelle des Hundes ein Falke, der setzte der Ente nach, zerzauste sie mit Schnabel und Krallen. Da ließ die Ente ein Ei zur Erde fallen. Aber der Falke gebrauchte seine Augen und sah, wohin es fiel. Bald stand der Prinz in seiner eigenen Gestalt da und hielt das Ei in der Hand. Es war von hoch oben herab gerade auf einen Stein gefallen. Aber es war dennoch heil und unverletzt geblieben, ohne einen einzigen Riss.

»Es ist hart«, sagte der Prinz,»aber ich weiß doch noch etwas, das härter ist.« Dann verwandelte er sich wieder in einen Falken und flog den weiten Weg zum Trollberg zurück. Dort wurde der Falke zur Ameise und lief durch einen Spalt in den Berg hinein. Als er in die breite Höhle kam, wurde die Ameise zum Mann und er hielt das Ei in der Hand. Er lief durch die langen Gänge und sprang die vielen Treppen hinauf und stürmte durch die großen Säle, bis er in die Bergstube kam, wo die Lampe brannte und wo die Prinzessin mit dem Kopf des Trolls in ihrem Schoß saß. Sie hörte ihn kommen, ließ den

Kamm fallen und schlug die Hände zusammen. Jetzt galt es Leben oder Tod für ihn und für sie.

Der Troll fuhr aus dem Schlaf hoch und griff nach seiner Eisenstange. Aber im selben Augenblick stand Prinz Falk in der Tür und schleuderte ihm das Ei direkt gegen die Stirn, so dass es zerbrach und der Inhalt über seine scheußliche Fratze rann. Sofort fiel der Troll hintenüber und schlug mit dem Nacken auf die Steindiele, war tot und starr wie ein Hering.

Im selben Augenblick als der Troll tot war, zerbarst der Berg von oben bis unten, der Prinz und die Prinzessin standen auf einem Dachsöller des prächtigsten Schlosses, das man je gesehen hat. Alle Säle waren voll von Gold, Silber und kostbaren Steinen. In der Gegend um das Schloss war jetzt keine Wüste mehr, sondern ein Park, Gärten mit Bäumen und Blumen.

Jetzt war der ganze Bann gebrochen. Es wurde alles wieder so, wie es gewesen war, ehe der Troll es verzaubert hatte. Das junge Paar machte sich nun bald auf die Reise zum Vater der Prinzessin. Da war eine Freude, wie sie gar nicht beschrieben werden kann. Alle Hochzeitsgäste wurden wieder eingeladen und aufs Neue wurde wieder Hochzeit gehalten. Der König gab dem Prinzen das halbe Reich als Mitgift.

Das junge Paar wohnte auf dem Schloss, das der Troll besessen hatte. Der König bekam nun nach Osten, nach Westen und nach Süden wie auch nach Norden Fenster in seinem Schloss. Er lebte lange genug, um noch Freude an seinen Enkeln zu haben. Als der König starb, wurde der Schusterjunge König von Spanien.

Märchen aus Dänemark

Die drei Großmütterchen

E s war einmal ein Königssohn und eine Königstochter, die einander sehr liebten. Die junge Prinzessin war sanft und schön, von allen sehr geliebt, ihr Sinn aber hing mehr an Lust und Spiel als an Handarbeit und häuslichen Beschäftigungen. Dies schien der alten Königin schlimm zu sein und sie sagte, dass sie keine Schnur[3] haben wolle, welche nicht ebenso flink wäre, wie sie es selbst in ihrer Jugend gewesen. Die Königin widersetzte sich daher auf jede Art und Weise gegen die Heirat des Prinzen.

Da nun die Königin ihr Wort nicht zurücknehmen wollte, ging der Königssohn zu ihr und sagte, dass man ja doch seine Braut auf die Probe stellen könne, ob sie vielleicht ebenso flink in der Arbeit wie die Königin selbst sei. Dies schien allen ein kühnes Begehren zu sein, denn die Mutter des Prinzen war eine tätige Frau, die spann und nähte, webte bei Tag und Nacht, so dass keine ihr gleich kam. Gleichwohl wurde beschlossen, dass der Wille des Prinzen erfüllt werden solle. Die schöne Prinzessin wurde in das Frauengemach beschieden und die Königin sandte ihr ein Liespfund[4] Flachs zum Spinnen. Der Flachs aber musste gesponnen sein, ehe es tagte, sonst dürfe die Jungfrau nicht mehr daran denken, den Königssohn zum Gemahl zu bekommen.

Als die Prinzessin sich selbst überlassen war, wurde ihr schlimm zu Mute, denn sie wusste wohl, dass sie den Flachs der Königin nicht spinnen könne und wollte doch nicht den jungen Prinzen verlieren, den sie so lieb hatte. Sie wandelte daher im Zimmer umher und weinte unaufhörlich. Während-

---

3 junge Frau
4 entspricht 20 Pfund

dem öffnete sich die Türe sehr leise und es trat ein kleines, altes Weib herein von seltsamem Aussehen und mit noch seltsameren Gebärden. Die alte Frau hatte ungeheuer große Füße, so dass jeder, der sie sah, sich darüber wundern musste. Sie grüßte:»Gottes Frieden!« – »Gottes Frieden mit Euch!«, antwortete die Königstochter. Die Alte fragte:»Warum ist die schöne Jungfrau diesen Abend so traurig?« Die Prinzessin antwortete:»Ich muss wohl traurig sein, die Königin hat mir befohlen, ein Liespfund Flachs zu spinnen, wenn ich es morgens nicht getan habe, ehe es Tag wird, verliere ich den Königssohn, der mich so herzlich lieb hat.« Die Alte antwortete:»Seid getrost, schöne Jungfrau! Wenn es nur das ist, so kann ich Euch helfen. Dann aber sollt Ihr mir eine Bitte erfüllen, die ich jetzt nennen will.« Bei dieser Rede freute sich die Prinzessin über die Maßen und fragte nach dem Begehren der alten Frau.»Nun denn«, sagte die Alte,»ich heiße Storfota-mor [5] und verlange keinen anderen Lohn für meinen Beistand, als bei Eurer Hochzeit zu sein. Ich bin auf keiner Hochzeit gewesen, seitdem die Königin, Eure Schwiegermutter, Braut war.« Die Königstochter willigte gern ein in dies Begehren und so schieden sie voneinander. Die Alte ging ihres Weges, wie sie gekommen war. Die Prinzessin aber legte sich schlafen, obschon sie kein Auge während der ganzen ewig langen Nacht zutun konnte.

Früh am Morgen, ehe der Tag graute, öffnete sich die Tür und die kleine Alte trat wieder herein. Sie ging zur Königstochter hin und reichte ihr ein Bündel Garn. Das Garn aber war weiß wie Schnee und fein wie ein Spinnengewebe. Die Frau sagte:»Siehst du, so schönes Garn hier habe ich nicht gesponnen, seit ich für die Königin spann, als sie sich vermählen sollte. Das ist aber nun schon lange her.« So sprechend verschwand die Frau und die Prinzessin verfiel in einen

---

5 Mutter mit dem großen Fuß

wohltuenden Schlummer. Es dauerte aber nicht lange, als sie von der alten Königin geweckt wurde, die vor dem Bette stand und fragte, ob der Flachs fertig gesponnen sei. Die Königstochter bejahte es und reichte ihr das Garn. Die Königin musste so sich diesmal zufrieden geben, die Prinzessin aber konnte wohl wahrnehmen und merken, dass es ihr nicht vom Herzen ging.

Als es nun Tag wurde, sagte die Königin, dass sie die Königstochter auf eine andere Probe setzen wolle. Sie schickte Garn in das Frauengemach zugleich mit dem Webstuhl und anderen Gerätschaften, befahl der Prinzessin, es zu weben. Das Gewebe aber musste fertig sein, ehe die Sonne aufging, sonst dürfe die Jungfrau nicht mehr daran denken, den jungen Königssohn zu bekommen.

Als die Prinzessin allein war, ward ihr wieder schlimm zu Mute, denn sie wusste, dass sie das Garn der Königin nicht weben könne und gleichwohl wollte sie den Königssohn nicht verlieren, den sie so lieb hielt. Sie wankte daher im Zimmer umher und weinte bitterlich. Als dies geschah, öffnete sich die Türe sehr leise und es trat ein sehr kleines altes Weib herein von seltsamer Gestalt, mit noch seltsameren Gebärden. Die kleine Alte hatte ein ungeheuer großes Gesäß, so dass jeder, der sie sah, sich darüber wundern musste. Sie grüßte: »Gottes Frieden!« – »Gottes Frieden mit Euch!«, antwortete die Königstochter. Die Alte fragte: »Warum ist die schöne Jungfrau so allein und kummervoll?« – »Ja nun«, sagte die Prinzessin, »ich muss wohl traurig sein, die Königin hat mir befohlen, dies Garn zu verweben. Wenn ich es aber nicht am Morgen getan habe, ehe es Tag wird, verliere ich den Königssohn, der mich so herzlich lieb hat.« Die Frau entgegnete:»Seid getrost, schöne Jungfrau, wenn es nur das ist, so will ich Euch helfen. Dann aber sollt Ihr mir eine Bedingung erfüllen, die ich jetzt nennen will.« Ob dieser Rede freute sich die junge Prinzessin über die Maßen und fragte nach dem Begehren der alten

Frau. »Nun denn«, sagte die Alte, »ich heiße Storgumpamor[6] und will keinen anderen Lohn haben, als bei Eurer Hochzeit zu sein. Ich bin auf keiner Hochzeit gewesen, seit Eure Schwiegermutter Braut war.« Die Königstochter willigte gern in dies Begehren ein und so schieden sie voneinander. Die Alte ging ihres Weges, wie sie gekommen war, die Königstochter aber legte sich schlafen, obschon sie kein Auge während der ewig langen Nacht zutat.

Früh morgens, ehe der Tag anbrach, öffnete sich die Türe, die Frau trat wieder ein. Sie ging jetzt zur Königstochter hin und reichte ihr ein Gewebe. Das Gewebe aber war weiß wie Schnee und fein wie ein Fell, so dass keiner desgleichen gesehen hatte. Die Alte sagte: »Siehst du, so wie dieses hier habe ich nichts gewebt, seit ich für die Königin webte, als sie sich vermählen sollte. Das ist nun aber schon lange her.« Hierauf verschwand die Frau und die Prinzessin erquickte sich durch einen angenehmen, aber kurzen Schlummer, denn es dauerte nicht lange, als sie von der alten Königin geweckt wurde, die an ihrem Bette stand und fragte, ob das Gewebe fertig sei. Die Königstochter bejahte es und reichte ihr das schöne Gewebe. Die Königin musste so sich das zweite Mal zufrieden geben. Die Prinzessin aber konnte wohl sehen und merken, dass sie es nicht gerne tat.

Die Königstochter dachte nun, von einer weiteren Probe befreit zu sein. Die Königin aber war anderer Meinung, denn nach einer Weile schickte sie das Gewebe in das Frauengemach hinab, mit dem Auftrag, dass die Prinzessin es zu Hemden für ihren Bräutigam nähen solle. Die Hemden müssten aber fertig sein, ehe die Sonne aufging, sonst sollte die Jungfrau nicht hoffen, den Königssohn je zum Gemahl zu bekommen.

Als die Prinzessin wieder allein war, ward ihr schlimm zu Mute, denn sie wusste, dass sie die Leinwand der Königin

---

6 Mutter mit dem breiten Gesäß

nicht nähen könne und sie wollte doch nicht den jungen Prinzen verlieren, den sie so lieb hatte. Sie wandelte im Zimmer umher und weinte. Währenddem öffnete sich die Türe sehr leise, ein kleines sehr altes Weib trat ein von wunderlichem Ansehen und mit noch wunderlicheren Gebärden. Die kleine Alte hatte einen unglaublichen Daumen, so dass jeder, der ihn sah, sich darüber wundern musste. Sie grüßte:»Gottes Frieden!« – »Gottes Frieden mit Euch!«, antwortete die Königstochter. Die Alte fragte:»Warum ist die schöne Jungfrau so allein und traurig?« – »Ja nun«, sagte die Prinzessin,»ich muss wohl traurig sein, die Königin hat mir befohlen, diese Leinwand für den Königssohn zu Hemden zu nähen. Wenn ich es aber nicht bis morgen getan habe, ehe die Sonne aufgeht, verliere ich meinen Bräutigam, der mich so herzlich lieb hält.« Da entgegnete die Frau:»Seid getrost, schöne Jungfrau! Ist es nichts anderes, so kann ich Euch helfen. Dann aber sollt Ihr mir eine Bedingung erfüllen, die ich jetzt nennen werde.« Bei dieser Rede freute sich die Prinzessin über die Maßen und fragte nach dem Verlangen der alten Frau.»Je nun«, sagte die Frau,»ich heiße Stortummamor[7] und ich will keinen anderen Lohn haben, als bei Eurer Hochzeit zu sein. Ich bin auf keiner Hochzeit gewesen, seit die Königin, Eure Schwiegermutter, Braut war.« Die Königstochter willigte gerne in ihre Bedingung ein und so schieden sie voneinander. Die Alte ging ihres Weges, wie sie gekommen war, die Prinzessin aber legte sich schlafen und schlief so schlecht, dass sie nicht einmal von ihrem Bräutigam träumte.

Früh am Morgen, ehe die Sonne aufging, öffnete sich die Türe und die kleine Alte trat wieder ein. Sie ging zur Königstochter hin, weckte sie und gab ihr einige Hemden. Die Hemden aber waren mit so großer Kunst genäht und gestickt, dass man nicht ihresgleichen fand. Die Alte sagte:»Siehst du,

---

7 Mutter mit dem großen Daumen

so gut wie diese habe ich keine genäht außer denen, die ich für die Königin nähte, als sie Braut war. Es ist aber auch schon sehr lange her.«

Mit diesen Worten verschwand die Frau, denn die Königin stand gerade in der Türe und fragte, ob die Hemden fertig seien. Die Königstochter bejahte es und reichte die schön genähten Hemden hin. Da wurde die Königin so erzürnt, dass ihre Augen funkelten und sagte: »Nun, so nimm ihn denn! Ich konnte nicht glauben, dass du so schnell sein würdest, wie du gewesen.« Hiermit ging sie ihres Weges und warf die Türe zu, dass das Schloss knarrte.

Der Königssohn und die Königstochter sollten nun einander bekommen, wie die Königin versprochen hatte, und es ward eine Hochzeit veranstaltet. Die Prinzessin aber war nicht besonders fröhlich an ihrem Hochzeitstag, denn sie dachte, ob wohl die wunderlichen Gäste kommen werden. Die Zeit kam heran, die Hochzeit fand nach alter Sitte mit Lust und Freude statt. Keine alten Frauen aber erschienen, wie sich die Braut nach allen Seiten umsehen mochte. Spät endlich, als die Gäste zu Tische gehen sollten, gewahrte die Königstochter die drei kleinen Weiber, die in einer Ecke des Hochzeitssaales allein bei einem Tische saßen. Da stand der König auf und fragte, was das für Gäste seien, die er früher nicht gesehen hatte. Die Älteste entgegnete: »Ich heiße Storfotamor und ich habe deshalb so große Füße, weil ich in meinem Leben so viel gesponnen habe.« – »Ist's so«, sagte der König, »dann soll meine Schwiegertochter nie mehr spinnen.« Er wandte sich hierauf zu der zweiten Frau und fragte, was der Grund ihres wunderlichen Aussehens sei. Die Alte antwortete: »Ich heiße Storgumpamor und ich habe deshalb ein so breites Gesäß, weil ich in meinem Leben sehr viel gewebt habe.« – »Ist es so«, sagte der König, »dann soll meine Schwiegertochter auch nie mehr weben.« Er wandte sich hierauf zu der Dritten und fragte nach ihrem Namen. Da erhob sich Stortummamor und sagte, dass sie einen so großen Daumen bekommen habe, weil sie in ihrem Leben so viel genäht habe. »Ist dem also«, sagte der König,»dann soll meine Schwiegertochter auch nie mehr nähen.« Und dabei blieb es. Die schöne Königstochter erhielt den Prinzen und war jetzt sowohl vom Spinnen und Weben als auch vom Nähen für ihr ganzes Leben befreit.

Als die Hochzeit zu Ende war, zogen die Großmütterchen ihres Weges und niemand sah, welchen Weg sie nahmen, gleichwie niemand wusste, woher sie gekommen. Der Prinz aber lebte mit seiner Gemahlin glücklich und vergnügt, nur ging alles viel stiller und ruhiger, weil die Prinzessin nicht so tätig war wie die strenge Königin.

Märchen aus Schweden

Die drei Böcke Brause

Es waren einmal drei Böcke, die wollten auf eine Hochgebirgswiese ziehen und sich ordentlich dick fressen und alle drei hießen sie Brause. Auf dem Weg dorthin mussten sie auf einer Brücke über einen Fluss, aber unter der Brücke hauste ein riesengroßer, abscheulicher Troll mit Augen, so groß wie Zinnteller, und einer Nase, so lang wie ein Hackenstiel.

Zuerst kam der jüngste Bock Brause und wollte über die Brücke.

»Tripp, Trapp!«, sagte es auf der Brücke.

»Wer trappelt denn da auf meiner Brücke?«, schrie der Troll.

»Ach, hier ist der kleinste Bock Brause! Ich wollte nur auf die Bergwiese ziehen und mich fett fressen«, sagte der Bock mit ganz feiner, ängstlicher Stimme.

»Jetzt komme ich und hol dich!«, sprach der Troll.

»Oh, hol mich nicht! Ich bin noch so klein!«, jammerte der Bock.« Warte so lange, bis der zweite Bock Brause kommt! Der ist viel größer als ich!«

»Na gut!«, brummte der Troll.

Nach einer guten Weile erschien der zweite Bock Brause und wollte über die Brücke.

»Tripp, trapp! Tripp, trapp!«, sagte es auf der Brücke.

»Wer trappelt denn da auf meiner Brücke?«, brüllte der Troll wieder.

»Ach, hier ist nur der zweite Bock Brause. Auch ich will gern auf die Alm und mich fett machen!«, meckerte er und er hatte auch eine recht feine, ängstliche Stimme.

»Ach was, jetzt komme ich und hol dich!«, erwiderte der Troll.

»O nein, hol mich nicht! Warte doch noch ein Stündchen,

dann kommt der nächste Bock Brause und der ist viel größer als ich!«, flehte der zweite Bock.

»Na ja!«, sprach der Troll.

Nun dauerte es gar nicht so lange, da trabte der große Bock Brause heran.

»Trapp, trapp!« und nochmals »Trapp, trapp!«, sagte es auf der Brücke, dass es dröhnte und krachte.

»He, wer ist denn das? Wer trampelt da so wüst auf meiner Brücke herum?«, fragte der Troll auch diesmal.

»Dies ist der große, starke Bock Brause!«, brüllte der Bock mit grober Stimme zurück.

»Jetzt komme ich und hol dich!«, rief der Troll, diesmal etwas kleinlaut.

»Ja komm nur und lass uns ringen und brechen!
Meine Spieße sollen dir die Augen ausstechen,
und die großen Steine an meiner Stirn
zerbrechen dir Beine, Kopf und Hirn!«

Als er das gesagt hatte, fuhr er wie der Teufel auf den Troll los, stach ihm die Augen aus, zermalmte ihm Mark und Bein und warf ihn schließlich in den Fluss. Dann zog er mit den beiden anderen Böcken auf die Hochgebirgswiese. Dort oben wurden die Böcke so fett, so fett, dass sie beinahe nicht wieder nach Hause gehen konnten. Und wenn sie später das Fett nicht wieder losgeworden sind, dann weiden sie noch heute da oben!

Märchen aus Norwegen

Zottelhaube

Es waren einmal ein König und eine Königin, die bekamen keine Kinder, darüber war die Königin so betrübt, dass sie kaum jemals eine frohe Stunde hatte. Beständig klagte sie, dass es so einsam und still im Schloss sei: »Wenn wir nur Kinder hätten, so gäbe es Leben genug da.« Wo sie in ihrem ganzen Reich hinkam, da fand sie Kindersegen, sogar in der armseligsten Hütte, wo sie hinkam, da hörte sie die Hausfrau auf die Kinder schelten, sie hätten wieder das oder jenes angestellt, das fand die Königin vergnüglich und wollte es auch so haben. Zuletzt nahmen der König und die Königin ein fremdes kleines Mädchen zu sich, das wollten sie im Schloss bei sich haben, aufziehen und es zanken wie ihr eigenes Kind.

Eines Tages sprang das kleine Fräulein, das sie angenommen hatten, unten im Hof vor dem Schloss herum und spielte mit einem goldenen Apfel. Da kam eine arme Frau des Weges, sie hatte auch ein kleines Mädchen bei sich, es dauerte nicht lange, da waren das Mädchen und das kleine Fräulein gute Freunde und fingen an, zusammen zu spielen und sich den goldenen Apfel zuzuwerfen. Das sah die Königin, die oben im Schloss am Fenster saß, da klopfte sie ans Fenster, dass ihr Pflegetöchterchen heraufkommen sollte. Sie kam auch, aber das Bettelmädchen blieb dabei und als sie in den Saal zur Königin kamen, hielten sie einander bei der Hand. Die Königin schalt auf das kleine Fräulein. »Das gehört sich nicht für dich, mit so einem lumpigen Bettelkind zu spielen!«, sagte sie und wollte das Mädchen hinunterjagen.

»Wenn die Frau Königin wüsste, was meine Mutter kann, so würde sie mich nicht hinunterjagen«, sagte das kleine Mädchen und als die Königin sie genauer ausfragte, erzählte sie, dass ihre Mutter der Königin Kinder verschaffen könnte. Das wollte die Königin nicht glauben, aber das Mädchen blieb dabei und sagte, jedes Wort sei wahr, die Königin sollte nur versuchen, die Mutter dazu zu bringen. Da ließ die Königin das kleine Mädchen hinuntergehen und sie holen.

»Weißt du, was deine Tochter sagt?«, fragte sie die Frau. Nein, die Bettlerin wusste es nicht. »Sie sagte, dass du mir Kinder verschaffen kannst, wenn du willst«, sagte die Königin wieder. »Das schickt sich nicht für die Königin, darauf zu hören, was einem Bettelkind in den Sinn kommt«, sagte die Frau und ging wieder hinaus. Die Königin wurde zornig und wollte beinahe das kleine Mädchen hinunterjagen, aber sie versicherte, es sei alles aufs Wort wahr. »Die Königin sollte meiner Mutter nur einschenken, dass sie auftaut, dann wird sie Rat genug wissen«, sagte das Mädchen. Das wollte die Königin probieren, die Bettlerin wurde noch einmal heraufgeholt, mit Wein und Met traktiert, soviel sie haben wollte, das dauerte nicht lange, bis ihr die Zunge gelöst war. Da kam die Königin wieder mit ihrem Anliegen.

Einen Rat wüsste sie wohl, sagte die arme Frau: »Die Königin soll am Abend, wenn sie sich ins Bett legen will, zwei Schüsseln mit Wasser hereintragen lassen. Darin soll sie sich waschen und sie dann unters Bett ausschütten. Wenn sie dann am anderen Morgen nachsieht, so sind da zwei Blumen gewachsen, eine schöne und eine hässliche. Die schöne soll sie verspeisen, die hässliche soll sie stehenlassen. Aber vergesst das Letzte nicht!«, sagte die Frau.

Die Königin tat, wie die Frau ihr geraten hatte. Sie ließ Wasser in zwei Schüsseln heraufbringen, wusch sich darin und schüttete es unters Bett, als sie am Morgen nachsah, standen zwei Blumen da, die eine war hässlich, garstig und hatte schwarze Blätter, die andere aber war so hell und schön, dass sie niemals so etwas Schönes gesehen hatte, und die aß sie schnell auf. Aber sie schmeckte ihr so gut, dass sie nicht anders konnte, als die andere auch zu essen, es wird weder schaden noch nützen, dachte sie.

Nach einer Weile kam die Königin ins Kindsbett. Zuerst brachte sie ein Mädchen zur Welt, das hatte einen Rührlöffel in der Hand und ritt auf einem Bock, es war hässlich und garstig, kaum war es auf der Welt, so rief es: »Mama!«

»Gott helfe mir, wenn ich deine Mama sein soll«, sagte die Königin.

»Mach dir keine Sorgen deswegen, es kommt gleich noch eines, das ist schöner«, sagte das Mädchen, das auf dem Bock ritt. Und darauf brachte die Königin noch ein Mädchen zur Welt, das war so schön und lieblich, dass man nie ein so schönes Kind gesehen hatte. Man kann sich vorstellen, dass die Königin sich darüber besonders freute. Die Älteste nannten sie Zottelhaube, weil sie so schlampig, hässlich war und eine Kappe hatte, die ihr in Zotteln ums Gesicht hing, die Königin wollte nichts von ihr wissen und die Zofen versuchten, sie in ein anderes Zimmer einzusperren. Aber das half nichts, wo die Jüngste war, wollte sie auch sein, und sie waren durchaus nicht zu trennen.

Wie sie beide halbwüchsig waren, geschah es am Weihnachtsabend, dass sich ein ganz fürchterlicher Lärm und Trubel auf dem Hausgang vor der Stube der Königin erhob. Zottelhaube fragte, was das sei, das auf dem Gang so knurre und poltere.

»Das ist der Mühe nicht wert, dass du fragst«, sagte die Königin. Aber Zottelhaube gab nicht nach, sie wollte endlich Bescheid darüber und so erzählte ihr die Königin, das seien die Trollweiber, die da draußen ihre Julfeier hielten. Zottelhaube sagte, sie wolle hinaus, sie jagen, und wie sie auch baten, sie möchte das doch nicht tun, das half gar nichts, sie wollte und musste hinaus, um die Trollweiber zu jagen. Nur bat sie, die Königin sollte alle Türen wohl verriegelt halten, so dass nicht eine einzige auch nur angelehnt sei, sagte sie. Damit ging sie hinaus mit ihrem Rührlöffel, machte sich daran, die Trollweiber zu jagen und zu hetzen, da war ein solcher Lärm auf dem Hausgang, wie ihr niemals einen gehört habt, es knarrte und krachte, als ob das Haus aus allen Fugen wollte. Aber wie es nun gekommen sein mochte, die eine Tür stand nur angelehnt, jetzt wollte die Schwester hinausschauen und sehen, wie es Zottelhaube gehe, und steckte den Kopf durch den Türspalt. Ratsch, da kam eine Trollhexe, riss ihr den Kopf ab und setzte ihr stattdessen einen Kalbskopf auf, stracks ging die Prinzessin hinein und brüllte. Als Zottelhaube wieder hineinkam und die Schwester erblickte, da zankte sie und wurde böse, dass man nicht besser auf sie aufgepasst hatte, fragte, ob sie es für schön hielten, dass die Schwester in ein Kalb verwandelt worden sei. »Aber ich will doch sehen, ob ich sie nicht erlösen kann!«, sagte sie. Sie verlangte vom König ein Schiff, wohl ausgerüstet und reisefertig, aber einen Steuermann und Mannschaft wollte sie nicht haben, sie wollte mit ihrer Schwester ganz allein fortgehen und schließlich mussten sie ihr den Willen lassen.

Zottelhaube fuhr fort und steuerte gleich auf das Land zu, wo die Trollhexen wohnten, als sie in den Hafen gekommen war, sagte sie ihrer Schwester, sie solle auf dem Schiff bleiben und sich ganz still verhalten, aber Zottelhaube selbst ritt auf ihrem Bock hinauf zum Schloss der Trollhexen. Wie sie hineinkam, war ein Saalfenster offen, da sah sie den Kopf ihrer Schwester auf dem Fensterbrett stehen, da ritt sie in vollem Schwung in den Hausgang, packte den Kopf und machte sich mit ihm davon. Die Trollhexen waren hinterdrein, wollten den Kopf wiederhaben, sie kamen so dicht in ihre Nähe, dass es nur so schwärmte und schwirrte, aber der Bock knuffte und stieß mit den Hörnern, sie selbst schlug und hieb mit dem Rührlöffel drein, so musste der Trollschwarm sich besiegt geben. Zottelhaube kam zum Schiff zurück, nahm der Schwester den Kalbskopf ab und setzte ihr ihren eigenen Kopf wieder auf, so dass sie wieder ein Mensch wurde wie vorher. Und so fuhren sie weit, weit fort in ein fremdes Königreich.

Der König dort war ein Witwer und hatte nur einzigen Sohn. Wie er das fremde Schiff zu Gesicht bekam, sandte er Leute an den Strand, um zu hören, wo es her sei und wem es gehöre. Aber als sie an den Strand hinunterkamen, sahen sie keine lebende Seele auf dem Schiff außer Zottelhaube, sie ritt auf dem Deck hin und her auf ihrem Bock, dass die Haarsträhnen ihr um den Kopf flogen. Die Leute vom Hof waren höchst verwundert über den Anblick und fragten, ob denn sonst niemand an Bord sei. Doch, sie hätte eine Schwester bei sich, sagte Zottelhaube. Da wollten die Leute sie sehen, aber Zottelhaube sagte nein.»Es bekommt sie keiner zu sehen außer der König«, sagte sie und ritt auf ihrem Bock herum, dass das Deck dröhnte.

Wie nun die Diener wieder zum Schloss kamen und berichteten, was sie von dem Schiff gesehen und gehört hätten, da machte sich der König stracks auf den Weg, um die zu sehen, die da auf dem Bock ritt. Als er kam, führte Zottelhaube ihre Schwester heraus, sie war so schön und lieblich, dass der König sich sogleich auf der Stelle in sie verliebte. Er nahm sie beide mit auf sein Schloss und die Schwester wollte er zu seiner Königin machen, aber Zottelhaube sagte, der König könne ihre Schwester auf gar keinen Fall bekommen, wenn nicht der Königssohn sie, die Zottelhaube, nehme. Begreiflicherweise wollte der Königssohn höchst ungern einen so hässlichen Kobold wie Zottelhaube heiraten, aber der König und alle im Schloss redeten ihm so lange zu, bis er endlich nachgab und versprach, er werde sie zur Frau nehmen, aber er tat es nur gezwungen und war sehr traurig. Nun wurde die Hochzeit vorbereitet mit Backen und Brauen, als alles fertig war, sollten sie zur Kirche ziehen, aber der Prinz empfand das als schwersten Kirchgang, den er je in seinem Leben getan hatte. Zuerst fuhr der König mit seiner Braut, sie war so wunderschön, dass alle Leute stehenblieben und ihr nachsahen, so lange sie sie noch erspähen konnten. Dahinter kam der Prinz geritten neben Zottelhaube, die auf ihrem Bock daher trabte mit dem Rührlöffel in der Faust und er sah mehr danach aus, als ob er zu einem Leichenbegängnis sollte als zu seiner eigenen Hochzeit. So betrübt war er und sprach nicht ein Wort.

»Warum sagst du denn nichts?«, fragte Zottelhaube, als sie ein Stück Wegs geritten waren.

»Was soll ich denn sagen?«, antwortete der Prinz.

»Du kannst ja fragen, warum ich auf dem hässlichen Bock reite«, sagte Zottelhaube.

»Warum reitest du auf dem hässlichen Bock?«, fragte der Königssohn.

»Ist das ein hässlicher Bock? Das ist das schönste Pferd, auf dem eine Braut je geritten ist!«, sagte Zottelhaube und in dem Augenblick verwandelte sich der Bock in ein Pferd, wie der Königssohn seiner Lebtag kein prächtigeres gesehen hatte.

Jetzt ritten sie wieder ein Stück, aber der Prinz war ganz gleich traurig und konnte kein Wort herausbringen. Da fragte Zottelhaube noch einmal, warum er nicht rede, und als der Prinz zur Antwort gab, dass er nicht wisse, wovon er reden solle, da sagte sie: »Du kannst ja fragen, warum ich mit dem hässlichen Kochlöffel in der Hand reite?«

»Warum reitest du mit dem hässlichen Kochlöffel?«, fragte der Prinz.

»Ist das ein hässlicher Kochlöffel? Das ist der schönste Silberfächer, den eine Braut nur haben kann«, sagte Zottelhaube, zugleich wurde er in einen Silberfächer verwandelt, so prächtig, dass es nur so blitzte.

So ritten sie noch ein Stück, aber der Königssohn war ebenso traurig und sprach kein Wort. Bald fragte Zottelhaube ihn wieder, warum er nicht rede, und diesmal sagte sie, er solle fragen, warum sie die hässliche graue Haube aufhabe.

»Warum hast du die hässliche graue Haube auf?«, fragte der Prinz.

»Ist das eine hässliche Haube? Das ist ja die blankste Goldkrone, die eine Braut nur haben kann«, gab Zottelhaube zur Antwort und in dem gleichen Augenblick geschah die Verwandlung.

Nun ritten sie wieder eine lange Weile und der Prinz war so traurig, dass er dasaß, ohne ein einziges Wort zu sagen, wie vorher, da fragte ihn seine Braut wiederum, warum er nicht rede, und nun sollte er fragen, warum sie so grau und hässlich von Angesicht sei?

»Ja, warum bist du so grau und hässlich von Angesicht?«, fragte der Königssohn.

»Bin ich hässlich? Du meinst, meine Schwester sei schön, aber ich bin noch zehnmal schöner«, sagte die Braut und als der Königssohn sie ansah, fand er, es könne kein ebenso schönes Frauenzimmer mehr geben in der Welt. Also ist es begreiflich, dass der Prinz seinen Mund wiederfand und nicht länger den Kopf hängen ließ. So feierten sie Hochzeit schön und lange, dann zogen der König und der Prinz, jeder mit seiner jungen Frau, zum Vater der Königstöchter, da feierten sie aufs Neue Hochzeit, so dass das Fest kein Ende nehmen wollte. Lauf geschwind aufs Schloss, da ist immer noch ein Tropfen vom Brautbier übrig.

Märchen aus Norwegen

Die redenden Tannen

Es war einmal ein Jäger, der ging einst mit seinen zwei Hunden in den Wald und jagte drin einen ganzen Tag lang. Dabei war er so tief ins Gehölz gedrungen, dass er sich im Dunkel des Abends nicht mehr zurechtfinden konnte, er beschloss die Nacht im Walde zuzubringen und erst am Morgen heimzukehren. Mit diesen Gedanken ging er an den Stamm einer großen Tanne, machte daneben ein Feuer, um sich zu erwärmen, und legte sich daran zur Ruhe nieder. Er fühlte sich recht behaglich und war bereits im Einschlafen, als er jemand sprechen hörte. Auf der Tanne, vor deren Stamm das Feuer brannte, befand sich eine große Schlange, welche hinunterverlangte und den Mann um Hilfe bat, da sie des Feuers wegen sich nicht getraute hinabzugleiten. Der Mann verwunderte sich, dass die Schlange in Menschensprache redete, aber er erwiderte doch: »Ich kann dich nicht herunterlassen, du würdest mich verschlingen.« – »Ich verschlinge dich nicht, Brüderchen!«, versicherte die Schlange. »Wenn du mir hinunterhilfst, werde ich dich alle Zungen lehren, aller Vögel, Bäume und aller Tiere Sprache.« – »Nun, wie soll ich dir denn helfen?«, fragte der Mann. – »Fälle einen großen Baum und lehne ihn an die Tanne, dann gleite ich an ihm hinunter«, belehrte ihn die Schlange. Der Mann, dem der Lohn gut dünkte, war es zufrieden, er lehnte einen Baum an die Tanne und ließ die Schlange daran herunterkommen. Als diese unten war, lehrte sie aus Dankbarkeit den Mann alle Sprachen, die es auf Erden geben mag, die der Vögel, der Bäume, aller Tiere und Pflanzen, aber sie verbot ihm streng, es jemand zu offenbaren, nicht einmal dem eignen Weibe dürfte er die Sache erzählen, sonst müsste er auf der Stelle sterben.

Nachdem der Mann die Sprachen alle gelernt hatte und die Schlange fortgekrochen war, legte er sich wieder am Feuer zur

Ruhe und wollte einschlafen. Aber nach kurzer Zeit hörte er wieder Sprechen. Die Hunde hielten zu den Füssen ihres Herrn Wacht und der eine sagte zu dem andern: »Bleibe du hier bei unserm Herrn, bewache ihn gut, sonst kommen die Wölfe in der Nacht und fressen ihn; ich muss nach Hause eilen, denn es könnten dort Diebe einbrechen, wenn man kein Gebell hört.« – »Gut, geh nur, Kamerad, gehe!«, antwortete der andere. »Behüte du das Haus, ich werde schon den Herrn bewachen!« Der Mann, der alle Sprachen gelernt hatte, verstand auch die Worte der Hunde ganz gut und dachte: »Ihr habt doch mehr Verstand, als ich euch zugetraut hätte!« Er schickte den einen Hund nach Hause, wie der es selbst gewünscht hatte, und legte sich dann auf die Seite, um endlich einzuschlafen, denn er war herzlich müde. Bald fielen ihm die Augen zu und er hoffte in Schlaf zu sinken, wie es ja auch geschehen wäre – was hätte ihn daran gehindert? Aber sein Gehör war in der Schule der Schlange so scharf geworden, dass er jedes Geräusch vernahm. Er hörte plötzlich ein eigentümliches Rauschen im Walde und verstand deutlich, wie eine Tanne im Windesrauschen zu derjenigen sagte, an deren Stamme er lag: »Oh, Gefährtin, komm zu mir, denn ich muss bald sterben! Komm zu meinem Begräbnis!« – »Sieh, ich kann nicht, Schwesterherz, vergib mir!«, antwortete die andere. »Ich habe einen Schlafgast an meinem Stamme.« – »Ach, komm trotzdem, komm!«, schrie die Tanne drei Mal, aber die andere kam dennoch nicht zu ihr. Da, nach dem dritten Rufe, brach die Tanne endlich krachend zusammen, so dass der ganze Wald erdröhnte. Aber die andere Tanne, unter welcher der Mann sein Nachtfeuer gemacht hatte, sagte, als sie die Gefährtin fallen sah: »Nun bist du dahin, alte Freundin! Auf Schätzen hast du dein Leben lang gestanden und auf Schätze bist du gefallen!« Der Mann hörte auch dieses noch deutlich, aber wie es nun im Walde still wurde, übermannte ihn der Schlaf und er schlief am Feuer ein.

Nun, ein Jäger gibt sich nicht lange Zeit zu ruhen, als der Tag anbrach, machte sich der Mann zum Weitergehen bereit, da fiel ihm plötzlich ein, was die Tannen in der vorhergehenden Nacht gesprochen. – »Habe ich einen Traum gehabt oder was mag es sein?«, dachte er bei sich. »Ich muss doch einmal nachsehen, welche Schätze unter der Tanne liegen mögen!« Mit diesen Gedanken ging er dorthin, woher er in der Nacht das Krachen gehört hatte, und wanderte lange im Walde herum, bis er an die gestürzte Tanne kam. Hier fand er das in der Nacht Gehörte bestätigt: An der Wurzel der Tanne lag ein großer Goldschatz und unter dem Wipfel ein schwarzer glänzender Fuchs. Der Mann nahm alles mit und ward auf diese Weise sehr reich. – »Nun, ich könnte mir wohl ein Weib nehmen, da ich genug zu leben habe«, dachte er in seinem Sinn und nahm sich ein so schönes junges Weib, wie's nicht viele auf Erden gibt. Mit ihr lebte er glücklich in seinem Hause und sie hatten alles, aber dem Manne ward die Zeit zuletzt doch lang, da er nach Art der Reichen müßig lebte und nichts zu tun hatte.

So saß er auch an einem Morgen untätig am Fenster seiner Stube, sah hinaus, wie das Wetter so klar und schön war. Er konnte weite Felder übersehen und vor dem Fenster lag ein kleines Flachsland, über welchem kleine Vögel hin und herflogen. Mit den andern kam auch ein Spatz mit seinen Jungen herangeflattert, um Leinsamen zu fressen, da die Jungen noch ungewohnt waren, ließen sie sich auf die Erde nieder und pickten dort die Körnchen auf. Da belehrte sie die Alte und sagte zu ihren Jungen: »Kinder, fresst nicht von der Erde und pickt doch von den Zweiglein. Was auf die Erde fällt, bleibt uns ja, aber die Pflanzen trägt man fort.«

Als der Mann solches hörte, fing er an zu lachen, sein Weib, das eben Kuchen in den Ofen schob, sah es und fragte: »Worüber lachst du denn, du Schelm? Siehst du etwas Sonderbares an mir?« – »Ich lachte nur so vor mich hin, den Grund kann ich dir nicht sagen, aber es betrifft dich gar nicht«, antwortete der Mann. Nun, wer kennt nicht den Sinn der Weiber? Wer kommt von ihnen los, wenn sie nur das erste Wörtchen gehört haben! –

Das Weib fing an, den Mann zu quälen, fiel ihm um den Hals und flehte: »Sage doch, worüber du gelacht hast!« Der Mann konnte sich ihrer zuletzt nicht mehr erwehren und sagte zu ihr: »Bringe mir erst reine Kleider, dann sage ich es dir.« Gut, das Weib brachte dem Manne Kleider, er zog sich um und streckte sich dann auf der Bank lang hin, wie man eine Leiche auf dem Brett gerade hinlegt. – Im Stalle waren fünfzig Hennen und ein Hahn, da sagte der Mann von seiner Bank aus zu dem Weibe: »Lass die Hühner frei, dass ich sie noch einmal in dieser Welt sehe, bevor ich sterbe.« Er hatte sich nämlich darein ergeben zu sagen, warum er gelacht hatte, und er wusste, dass er dann sterben müsste, aber das Weib glaubte, dass der Mann nur Scherze treibe, weil er sonst auch ein lustiger Kauz war. Sie tat deshalb, wie ihr der Mann geheißen, und ließ die Hühner in die Stube. Als der Hahn mit seiner Schar auf dem Fußboden stand, blähte er sich zwischen seinen Hennen auf und sagte stolz: »Kok-ko-ko-ko, koo-kokok! Seht, ich habe fünfzig Weiber und halte sie doch alle in Zucht, mein Hausherr hat dagegen nur eines und auch dieses kann er nicht beherrschen, deshalb muss er jetzt sterben!« Der Mann, der alle Sprachen konnte, verstand auch die Worte des Hahnes und fand plötzlich seinen Entschluss überaus töricht. »Es ist wohl noch Zeit genug ans Sterben zu denken!«, dachte er in seinem Sinn, sprang plötzlich von seiner Bank auf die Füße und schrie sein Weib an: »Was stehst du hier noch so müßig? Deine Kuchen brennen an, eile schnell an die Arbeit, sonst kriege ich dich beim Schopf!« Zugleich griff er nach dem Zopf des Weibes, aber diese flüchtete eilig auf den Hof und von dort in den Stall, so blieben die Worte des Mannes unausgesprochen und er selber blieb am Leben. Das Weib fragte fortan nie mehr nach unnützen Dingen, sondern gehorchte dem Manne aufs Beste, so lebten sie denn immer glücklich beisammen und nie mehr kam ein Streit zwischen ihnen auf.

Märchen aus Finnland

Iwan-Kuhsohn

In einem fernen Zarenreich lebte dereinst ein Zar mit seiner Zarin, die hatten keine Kinder. Wie sehr sie sich auch grämten, wie viele Zauberkundige sie befragten, Kinder bekamen sie nicht. Eines Tages kam nun ein Großmütterchen vom Hinterhof zu ihnen ins Haus. »Legt Netze aus im Meer«, sprach sie, »es wird sich ein Fischlein Goldflosse drin fangen. Kocht es in sieben Wassern ab und lasst die Zarin davon essen, da wird sie bald guter Hoffnung sein ...« Der Zar befahl alsbald Netze zu knüpfen und diese im blauen Meer auszulegen, um das Fischlein Goldflosse zu fangen. Die Fischer warfen Netze aus im blauen Meer und fingen nichts, sie warfen sie ein zweites Mal aus – wieder nichts, beim dritten Mal aber haben sie wahrhaftig das Fischlein Goldflosse gefangen. Sie nahmen es und brachten es dem Zaren. Der belohnte die Fischer und befahl, das Fischlein in die Küche zu bringen, es in sieben Wassern abzukochen und der Zarin vorzusetzen. Die Köche putzten das Fischlein, wuschen und kochten es, das Brühwasser aber schütteten sie auf den Hof. Da lief gerade eine Kuh über den Hof, die leckte an dem Brühwasser. Die Küchenmagd legte das Fischlein auf eine Platte, um es der Zarin zu bringen, unterwegs aber rupfte sie sich eine kleine Goldflosse ab und kostete davon. Die Zarin verzehrte das ganze Fischlein.

Alle drei wurden am selben Tage guter Hoffnung: die Kuh, die Küchenmagd und die Zarin, alle drei gebaren zur gleichen Stunde einen Sohn. Die Zarin gebar Iwan-Zarewitsch, die Magd Iwan-Magdsohn, auch die Kuh gebar einen Menschen und dieser wurde Iwan-Kuhsohn genannt.

Die Kinder hatten gleiche Gesichter, gleiche Haare und gleiche Stimmen. Sie wuchsen heran nicht etwa in Tagen, nein, in Stunden: Wie sich im Hefestück der Teig hebt, so wurden sie größer und immer größer ... Ob es kurze Zeit, ob es länger gedauert hat, sie mochten so gut an die zehn Jahre zählen, da fingen sie an, sich mit anderen Burschen die Zeit zu vertreiben, wollten mit ihnen spielen und lustig sein. Bald aber arteten die Späße aus, denn fassten sie einen Burschen bloß an der Hand – war dessen Hand ab, fassten sie ihn am Kopf – war der Kopf ab! Klagen über Klagen wurden im Volke laut. Da sprach Iwan-Kuhsohn zu seinen Brüdern:»Statt beim Väterchen Zar herumzusitzen und das Volk zu beunruhigen, wollen wir lieber in ferne Reiche ziehen!«

Iwan-Zarewitsch, Iwan-Magdsohn und Iwan-Kuhsohn gingen zum Zaren und baten, er möge ihnen eiserne Keulen schmieden lassen und ihnen seinen väterlichen Segen geben zur Fahrt in die Fremde, wo sie sich ebenbürtige Gegner suchen wollten.

Der Zar befahl, drei eiserne Keulen zu schmieden. Eine Woche lang schmiedeten die Schmiede. Dann waren die Keulen fertig: Niemand konnte sie auch nur an einem Ende anheben. Iwan-Zarewitsch, Iwan-Magdsohn und Iwan-Kuhsohn aber drehten sie zwischen den Fingern, als wären es Gänsefederkiele.

Die Brüder traten jetzt in den weiten Hof hinaus.

»Los, ihr Brüder«, rief Iwan-Zarewitsch,»wir wollen mal unsere Kräfte messen: Wer von uns seine Keule am höchsten schleudern kann, soll der Älteste sein!«

»Gut – wirf du als Erster!«

Iwan-Zarewitsch schleuderte seine Keule, sie flog hoch – kaum war sie noch mit den Augen zu verfolgen, nach einer Stunde erst fiel sie wieder zur Erde. Nach ihm kam Iwan-Magdsohn an die Reihe: Die Keule flog noch höher, war gar nicht mehr zu sehen, und erst nach zwei Stunden fiel sie wieder zur Erde. Als aber Iwan-Kuhsohn seine Keule schleuderte, flog sie hoch über die Wolken hinauf und kam erst drei Stunden darauf wieder zur Erde zurück.

»Iwan-Kuhsohn, du sollst nun der Älteste sein!«

Die drei Brüder sattelten ihre Pferde, baten den Zaren um seinen Segen und ritten hinaus, der Ferne entgegen – soweit das Auge reichte!

Sie ritten über Berg und Tal und grüne Wiesen und kamen nach kürzerer oder längerer Zeit – gar schnell ist ein Märchen erzählt, nicht so rasch eine Tat getan – an den Fluss Smorodinà. Eine Holunderbrücke führte über den Fluss und an den Ufern war fast knietief Menschengebein aufgehäuft.

Die Brüder sahen eine Hütte, gingen hinein und fanden sie leer. Sie beschlossen, da zu rasten. Sie nahmen den Pferden das Zaumzeug ab, aßen und tranken, bis es Abend wurde. Da sprach Iwan-Kuhsohn zu seinen Brüdern:»Wir wollen hier nun jede Nacht abwechselnd Wache halten und aufpassen, wer wohl über diese Brücke reitet.«

Sie warfen das Los: Die erste Nacht sollte Iwan-Zarewitsch Wache stehen, die zweite Iwan-Magdsohn und die dritte Iwan-Kuhsohn. Iwan-Zarewitsch zog sich an und ging auf seinen Posten zum Fluss Smorodinà an die Holunderbrücke. Eine Weile ging er dort auf und ab und schlief schließlich ein! Iwan-Kuhsohn in der Hütte aber fand keinen Schlaf. Er drehte und wendete sich, verknüllte das Kissen unterm Kopf – er stand auf, zog sich Schuhe und Kleider an, nahm seine Keule, ging hinaus zur Brücke. Da fand er nun Iwan Zarewitsch in festem Schlaf. Iwan-Kuhsohn fasste den Schlafenden unter die Schultern und trug ihn unter die Brücke, er selber aber setzte die Wache fort …

Da brausten die Wasser auf im Fluss, die Adler auf den Eichen fingen zu schreien an, die Brücke dröhnte – und angeritten kam das Wunderwesen Tschudo-Judo, der sechsköpfige Drache.

Plötzlich stolperte das Ross des Drachen, ein schwarzer Rabe auf seiner Schulter flatterte auf und der Windhund hinter ihm sträubte sein Fell. Da sprach zu ihnen Tschudo-Judo:

»Was stolperst du, Wolfsgezücht? Was flatterst du, Rabengefieder? Und du, Hundefell, was sträubst du dich? Spürt ihr
Freund oder Feind?«

»Einen Feind spüren wir.«

»Gelogen ist das, in aller Welt besteht für mich kein Wi-
dersacher, es sei denn Iwan-Kuhsohn. Von dem aber hat nicht
mal ein Rabe das Gebein hierhergebracht, geschweige denn,
dass er selber hier wäre!«

Da sprang Iwan-Kuhsohn unter der Brücke hervor: »Du
irrst! Hier bin ich selber!«

»Was führt dich her, Iwan-Kuhsohn? Willst du meine
Töchter oder meine Schwestern freien?«

»Ach, du Wunderwesen Tschudo-Judo, sechsköpfiger Drache du, im Felde fechten heißt nicht Sippschaft flechten, wir
wollen uns im Kampfe messen!«

Sie gingen gegeneinander an, prallten hart aufeinander.
Dem Wunderwesen aber war das Glück nicht hold: Iwan-
Kuhsohn hieb ihm mit einem Schlag drei Köpfe ab.

»Halt ein, Iwan-Kuhsohn, gewähre mir eine Atempause!«

»Keine Atempause, Tschudo-Judo! Bei mir heißt es: Schla-
gen und schlachten – seiner selbst nicht achten!«

Wieder gingen sie aufeinander los. Tschudo-Judo schlug
zu, Iwan-Kuhsohn sank bis an die Knie in die feuchte Erde,
hieb aber seinerseits zu und schlug Tschudo-Judo die restlichen
drei Köpfe ab, zerhackte den Rumpf und warf die Stücke in
den Fluss, die sechs Köpfe aber versteckte er unter der Holunderbrücke. Dann kehrte er in die Hütte zurück.

Frühmorgens kam Iwan-Zarewitsch zurück.

»Na, Bruder, was hast du erspäht? Wer ging, wer ritt über
die Holunderbrücke?«

»Ich sah niemanden reiten, niemanden gehen, Brüderlein.
Nicht eine Fliege ist an mir vorbeigeflogen.«

Die zweite Nacht zog Iwan-Magdsohn auf die Wache.
Eine Weile ging er auf und ab, schlüpfte dann ins Gebüsch

und schlief ein. Iwan-Kuhsohn aber in der Hütte fand keinen
Schlaf, drehte und wendete sich, das Kissen verknüllte sich ihm
unterm Kopf … Gegen Mitternacht stand er auf, zog Schuhe
und Kleider an, nahm seine Keule, ging hinaus und stellte sich
unter die Holunderbrücke.

Da brausten die Wasser auf im Fluss, die Adler auf den
Eichen fingen zu schreien an, die Brücke dröhnte – angeritten
kam das Wunderwesen Tschudo-Judo, der neunköpfige Drache. Seinem Ross stieg Rauch aus den Ohren und Flammen
schlugen aus seinen Nüstern.

Plötzlich stolperte das Ross des Drachen, der schwarze
Rabe auf seiner Schulter flatterte auf, der Windhund hinter
ihm sträubte sein Fell.

»Was stolperst du, Wolfsgezücht? Was flatterst du, Rabengefieder? Und du, Hundefell, was sträubst du dich? Spürt ihr
Freund oder Feind?«

»Einen Feind spüren wir, ist nicht Iwan-Kuhsohn hier?«

»Von dem hat nicht mal ein Rabe das Gebein hierhergebracht, geschweige denn dass er selber hier wäre!« Da sprang
Iwan-Kuhsohn unter der Brücke hervor:

»Du lügst, hier bin ich selber!«

»Was führt dich her, Iwan-Kuhsohn? Willst du meine
Töchter oder meine Schwestern freien?«

»Ach, du Wunderwesen, du neunköpfiges, im Felde fechten – nicht Sippschaft flechten, kämpfen wollen wir!«

Sie gingen sich hart an, prallten aufeinander, dass rings die
Erde aufstöhnte, Iwan-Kuhsohn holte aus mit seiner Keule –
schlug Tschudo-Judo drei Köpfe ab, holt nochmals aus – schlug
ihm wieder drei Köpfe ab. Tschudo-Judo schlug zu – bis zum
Gürtel fuhr Iwan-Kuhsohn in die feuchte Erde.

Iwan Kuhsohn griff eine Handvoll Erde und warf sie
Tschudo-Judo in die Augen, ehe dieser sich die Glotzaugen
ausgerieben hatte, schlug Iwan-Kuhsohn ihm die restlichen
drei Köpfe ab. Den Rumpf hieb er in Stücke und warf diese

in den Fluss Smorodinà, die neun Köpfe aber versteckte er unter der Holunderbrücke. Dann ging er in die Hütte zurück und legte sich schlafen. Frühmorgens kam Iwan-Magdsohn zurück.

»Nun, Bruder, was hast du erspäht? Wer ging, wer ritt über die Holunderbrücke?«

»Niemand, Brüderlein, nicht eine Fliege ist an mir vorbeigeflogen, nicht eine Mücke vorbeigesummt!«

Iwan-Kuhsohn führte die Brüder unter die Holunderbrücke, zeigte ihnen die Drachenköpfe und hub an, sie zu schmähen: »Oh, ihr Helden! Zum Kampf taugt ihr nicht – in der Stube müsst ihr hocken, auf dem Ofen liegen!«

In der dritten Nacht machte sich Iwan-Kuhsohn für die Wache fertig. Er stieß ein Messer in die Wand und hing ein weißes Handtuch darüber, auf den Fußboden unter das Handtuch stellte er eine Schüssel.

»Ich ziehe in einen schrecklichen Kampf, Brüder! Ihr aber schlaft nicht in dieser Nacht. Gebt gut acht, wenn Blut aus dem Handtuch zu rinnen beginnt: Läuft die Schüssel halb voll Blut, so steht es gut um mich, auch wenn sie ganz volllaufen sollte, ist es noch nicht gar so schlimm, läuft sie aber über – dann eilt mir zu Hilfe!«

Iwan-Kuhsohn stand unter der Holunderbrücke, Mitternacht war grade vorüber. Die Wasser im Fluss brausten auf, die Adler auf den Eichen fingen zu schreien an, die Brücke dröhnte – Tschudo-Judo, der zwölfköpfige Drache, kam angeritten. Seinem Ross stieg Rauch aus den Ohren, Flammen schlugen aus seinen Nüstern, garbenweise schleuderten die Hufe den Ruß hinter sich.

Da stolperte das Ross unter dem Drachen, der Rabe auf seinen Schultern flatterte auf, der Windhund hinter ihm sträubte das Fell. »Was stolperst du, Wolfsgezücht? Was flatterst du, Rabengefieder? Und du, Hundefell, was sträubst du dich? Freund oder Feind, was wittert ihr?«

»Den Feind wittern wir! Iwan-Kuhsohn ist hier!«

»Ihr lügt! Kein Rabe noch hat je sein Gebein hierhergebracht!«

»Ach du, Tschudo-Judo, du zwölfköpfiges Wunderwesen,
du«, rief da Iwan-Kuhsohn und sprang unter der Brücke hervor, »wohl hat noch kein Rabe je meine Gebeine hierhergebracht, ich selber bin es, der hier vor dir steht!«

»Was willst du hier?«

»Will dich mal näher besehen, du unreine Macht! Deine
Kraft erproben will ich in der Schlacht!«

»So warst du es, der meine Brüder umgebracht hat? Und
jetzt glaubst du, auch mich besiegen zu können? Ein Schnaufer
nur von mir und es bleibt auch nicht ein Stäubchen von dir
übrig!« – »Ich bin nicht zum Märchen anhören hierhergekommen! Lass uns auf Tod und Leben kämpfen!«

Iwan-Kuhsohn holte aus mit seiner Keule und schlug
Tschudo-Judo drei Köpfe ab. Tschudo-Judo fing die Köpfe auf,
strich sachte mit seinem Feuerfinger darüber – schon waren
die Köpfe wieder angewachsen, als wären sie ihm nie von den
Schultern gerollt. Tschudo-Judo schlug seinerseits zu und trieb
Iwan-Kuhsohn bis zu den Knien in die feuchte Erde.

Da nun stand es schlecht um Iwan-Kuhsohn.

»Halt ein, böse Macht, gib mir eine Atempause!«

Tschudo-Judo gab ihm eine Atempause. Iwan-Kuhsohn
streifte den rechten Handschuh ab und schleuderte ihn nach
der Hütte. Der Handschuh schlug Türen und Fenster ein, die
Brüder aber schliefen und merkten nichts.

Iwan-Kuhsohn holte ein zweites Mal aus, stärker als das
erste Mal und schlug Tschudo-Judo sechs Köpfe ab. Tschudo-Judo fing sie auf, strich mit seinem Feuerfinger leicht darüber – alle Köpfe saßen wieder auf ihrem Platz, nun schlug
Tschudo-Judo seinerseits ein zweites Mal zu und jagte Iwan-
Kuhsohn bis zum Gürtel in die feuchte Erde.

»Halt an, böse Macht, gib mir eine Atempause!«

Iwan-Kuhsohn streifte den linken Handschuh ab und schleuderte ihn nach der Hütte. Der Handschuh riss das ganze Dach herunter, die Brüder aber schliefen und merkten nichts. Ein drittes Mal holte Iwan-Kuhsohn aus, mächtiger noch als die beiden ersten Male, und hieb Tschudo-Judo neun Köpfe ab. Tschudo-Judo fing sie auf, strich sachte mit dem Feuerfinger darüber – die Köpfe saßen alle wieder fest. Doch nun jagte Tschudo-Judo Iwan-Kuhsohn bis unter die Schulter in die feuchte Erde ...

»Halt ein, böse Macht, gib mir ein drittes Mal eine Atempause!«

Iwan-Kuhsohn nahm seine Mütze ab und schleuderte sie nach der Hütte. Von diesem Schlag fiel die ganze Hütte zusammen und alle Balken rollten durcheinander.

Jetzt fuhren die Brüder aus dem Schlaf auf, sahen sich um: Das Handtuch war ganz blutig, auf dem Fußboden lief die Schüssel über von Blut. Erschrocken griffen sie zu ihren Keulen und liefen dem Bruder zu Hilfe.

Inzwischen war es Iwan-Kuhsohn gelungen, Tschudo-Judo den Feuerfinger abzuschlagen. Und nun begannen die Brüder gemeinsam, dem Ungeheuer die Köpfe abzuhauen.

Sie kämpften den ganzen Tag über bis zum hereinbrechenden Abend und überwältigten endlich Tschudo-Judo, den zwölfköpfigen gefährlichen Drachen, schlugen ihm alle seine Köpfe ab bis zum letzten, den Leib hieben sie in Stücke und warfen sie in den Fluss Smorodinà.

Ganz früh am anderen Morgen sattelten die Brüder ihre Pferde und ritten weiter. Da sagte plötzlich Iwan-Kuhsohn: »Halt! Ich habe meinen Handschuh vergessen! Reitet langsam weiter, Brüder, ich hole euch bald wieder ein.«

Er ritt etwas abseits, stieg ab, ließ sein Pferd auf einer Wiese weiden, verwandelte sich in einen Sperling und flog über die Holunderbrücke, über den Fluss Smorodinà zu dem Gebäude aus weißen Steinen, dort setzte er sich ans offene Fenster und lauschte. In dem Gebäude aus weißen Steinen aber saß die alte Drachenmutter mit ihren drei Schwiegertöchtern, den Frauen der Tschudo-Judos. Sie berieten, wie sie wohl den bösen Iwan-Kuhsohn mit seinen beiden Brüdern umbringen könnten.

»Ich lasse Hunger über sie kommen«, sagte die jüngste Schwiegertochter, »und verwandle mich selber in einen Apfelbaum voll wunderschöner Äpfel. Jeder von ihnen wird ein Äpfelchen verzehren, da wird es sie in Stücke reißen.«

Die mittlere Schwiegertochter sprach: »Ich lasse Durst über sie kommen und verwandle mich in einen Brunnen – sie sollen es nur probieren, aus mir zu trinken!«

Die älteste Schwiegertochter sagte: »Und ich, ich lasse Schlaf über sie kommen, verwandle mich in ein weiches Bett – wer sich auf mich legt, wird lichterloh brennen!«

»Ich werde mich in eine alte Sau verwandeln«, sagte die alte Drachenmutter, »meinen Rachen aufreißen und sie alle drei verschlingen!«

Iwan-Kuhsohn hörte sich das alles an, flog zurück zu den grünen Wiesen, warf sich zur Erde und stand wieder auf als schmucker Bursche. Seine Brüder hatte er bald wieder eingeholt und so zogen sie weiter ihres Weges. War es lang oder kurz, dass sie so dahinritten – Hunger begann sie zu quälen und sie hatten nichts zu essen. Doch sieh! Da stand am Weg vor ihnen ein Apfelbaum mit herrlichen Äpfeln an seinen Zweigen. Iwan-Zarewitsch und Iwan-Magdsohn wollten sich gleich daranmachen, Äpfel zu pflücken, Iwan-Kuhsohn aber kam ihnen zuvor, hackte kreuz und quer auf den Baum ein, dass das rote Blut nur so herausspritzte!

»Da könnt ihr sehn, ihr Brüder, was das für ein Baum ist!«

Sie ritten weiter über Steppen und Wiesen und immer heißer wurde der Tag, kaum noch auszuhalten. Und nun bekamen sie auch noch Durst. Da sahen sie einen Brunnen, eine frische Quelle. Die jüngeren Brüder stürzten gleich darauf zu,

Iwan-Kuhsohn aber sprang vor ihnen vom Pferde und begann auf die Quelle loszuschlagen, dass das Blut nur so spritzte. »Da könnt ihr sehn, ihr Brüder, was das für eine Quelle ist!« Der Tag wurde nebliger, die Hitze ließ nach und kein Durst quälte sie mehr. Und so ritten sie denn wieder ihres Weges dahin. Die dunkle Nacht brach an, sie konnten sich kaum noch des Schlafes erwehren, sahen schließlich ein Hüttchen, Licht schien aus dem Fenster, im Hüttchen stand eine hölzerne Bettstelle mit Daunenbetten.

»Lass uns hier übernachten, Iwan-Kuhsohn!«

Der aber sprang vor, hackte kreuz und quer auf das Bett los, dass das Blut nur so herumspritzte.

»Da könnt ihr sehn, ihr Brüder, was das für ein Daunenbett ist!« Da war ihnen rasch aller Schlaf vergangen.

Weiter ritten sie ihres Weges und hörten, dass sie verfolgt wurden, die alte Drachenmutter kommt als Sau angebraust, hat ihren Rachen aufgesperrt von der Erde bis hinauf zum Himmel. Iwan-Kuhsohn sieht – es ist schlecht bestellt um ihn und seine Brüder. Wie sollen sie sich retten? Da wirft er der Sau drei Fuder Salz in den Rachen. Die Drachenmutter schlingt alles hinunter, kriegt Durst und läuft zum blauen Meer hinunter.

Bis aber die Drachenmutter fertig war mit Trinken, waren die Brüder weit davongeritten, doch kaum hatte die Drachenmutter ihren Durst gelöscht, als sie auch schon die Verfolgung wieder aufnahm. Die Brüder trieben ihre Rosse an und kamen im Wald an eine Schmiede. Sie gingen hinein: »Auf, ihr Schmiede, schmiedet uns zwölf eiserne Ruten und bringt die Zangen in Rotglut. Eine große Sau wird angerannt kommen und wird zu euch sprechen: ›Gebt den Schuldigen heraus!‹ – Gebt ihr zur Antwort: ›Leck doch mit deiner Zunge zwölf eiserne Türen durch und hol ihn dir selber!‹«

Da kommt auch schon die alte Drachenmutter in Gestalt einer riesigen Sau daher gerannt und schreit: »Schmiede! Schmiede! Gebt mir den Schuldigen heraus!«

Die Schmiede antworten, wie Iwan-Kuhsohn ihnen befohlen hat: »Leck mit der Zunge zwölf eiserne Türen durch und hol ihn dir selber!«

Das Drachenweib machte sich ans Lecken. Sie leckte alle elf Türen durch und steckte die Zunge durch die zwölfte. Iwan-Kuhsohn packte die Zunge mit der rotglühenden Zange, die Brüder hieben mit den eisernen Ruten auf die Sau los und zerfleischten das Drachenweib bis auf die Knochen. Die tote Drachenmutter verbrannten sie und streuten die Asche in alle Winde.

Nachher ritten die drei, Iwan-Kuhsohn, Iwan-Magdsohn und Iwan-Zarewitsch, wieder nach Hause.

Dort lebten sie in Saus und Braus, bei Spiel und Festen. Auch ich bin da hineingekommen, Honigbier wurde mir eingeschenkt. Es lief mir nur alles den Schnurrbart entlang – kein Tropfen davon kam mir in den Mund. Sie wollten mich ganz groß bewirten: Nahmen den Ochsen und den Zuber, gossen mir Milch hinein. Ich aber aß nicht, ich trank nicht, ich wollte einmal verschnaufen, da fingen sie an, mit mir zu raufen. Ich stülpte mir meine Kappe auf, da kriegte ich selber einen Schlag ins Genick ...

Märchen aus Russland

Wie ein Waisenknabe unverhofft sein Glück fand

E inmal lebte ein armer Tagelöhner, der sich mit seiner Frau kümmerlich von einem Tage zum andern durchbrachte. Von drei Kindern war ihnen das jüngste, ein Sohn, geblieben, der neun Jahre alt war, als man erst den Vater und dann die Mutter begrub. Dem Knaben blieb nichts übrig, als vor den Türen guter Menschen sein Brot zu suchen. Nach Jahresfrist geriet er auf den Hof eines wohlhabenden Bauerwirts, wo man gerade einen Hüteknaben brauchte. Der Wirt war nicht eben böse, aber das Weib hatte die Hosen an und regierte im Hause wie ein böser Drache. Wie es dem armen Waisenknaben da erging, lässt sich denken. Die Prügel, die er alle Tage bezog, wären dreimal mehr als genug gewesen, Brot aber wurde nie so viel gereicht, dass er satt geworden wäre. Da aber das Waisenkind nichts Besseres zu hoffen hatte, musste es sein Elend ertragen. Zum Unglück verlor sich eines Tages eine Kuh von der Herde, zwar suchte der Knabe bis Sonnenuntergang im Walde, aber er fand die verlorene Kuh nicht wieder. Obwohl er wusste, was seinem Rücken zu Hause bevorstand, musste er doch jetzt nach Sonnenuntergang die Herde zusammentreiben. Die Sonne war noch nicht lange unterm Horizont, da hörte er schon die Stimme der Wirtin: »Fauler Kerl! Wo bleibst du mit der Herde?« Da half kein Zaudern, nur rasch nach Hause unter den Stock. Zwar dämmerte es schon, als die Herde zur Pforte hereinkam, aber das scharfe Auge der Wirtin hatte sogleich entdeckt, dass eine Kuh fehlte. Ohne ein Wort zu sagen, riss sie den nächsten Staken aus dem Zaun und begann damit den Rücken des Knaben zu bearbeiten, als wollte sie ihn zu Brei stampfen. In der Wut hätte sie ihn auch zu Tode geprügelt, oder ihn zeitlebens zum Krüppel gemacht, wenn der Wirt, der das Schreien und Schluchzen hörte, dem Armen nicht mitleidig zu Hilfe gekommen wäre. Da er die Gemütsart seines Weibes kannte, wollte er sich nicht gerade dazwischen legen, sondern suchte zu vermitteln und sagte: »Brich ihm lieber die Beine nicht entzwei, damit er doch die verlorene Kuh suchen kann. Davon werden wir mehr Nutzen haben, als wenn er umkommt.«

»Das ist wahr«, sagte die Wirtin, »das Aas kann auch die teure Kuh nicht ersetzen«, zählte ihm noch ein paar tüchtige Hiebe auf und schickte ihn dann fort, die Kuh zu suchen. »Wenn du ohne die Kuh zurückkommst, schlage ich dich tot.«

Weinend ging der Knabe zur Pforte hinaus und geradenwegs in den Wald, wo er am Tage mit der Herde gewesen war, suchte die ganze Nacht, fand aber nirgends eine Spur von der Kuh. Als am andern Morgen die Sonne sich erhoben hatte, war des Knaben Entschluss gefasst: ›Werde aus mir, was da wolle, nach Hause gehe ich nicht‹, meinte er und lief in einem Atem vorwärts, so dass er das Haus bald weit hinter sich hatte. Zuletzt ging ihm aber die Kraft aus und er fiel wie tot nieder. Als er aus einem langen, schweren Schlafe erwachte, kam es ihm vor, als ob er etwas Flüssiges im Munde gehabt habe, er sah einen kleinen, alten Mann mit langem, grauem Barte vor sich stehen, der eben im Begriffe war, den Spund wieder auf sein Milchfässchen zu setzen. »Gib mir noch zu trinken!«, bat der Knabe. »Für heute hast du genug«, erwiderte der Alte, »wenn mein Weg mich nicht zufällig hierher geführt hätte, so wäre es sicher dein letzter Schlaf gewesen, denn als ich dich fand, warst du schon halbtot.« Dann befragte der Alte den Knaben, wer er wäre und wohin er wollte. Der Knabe erzählte alles, was er erlebt hatte, solange er sich erinnern konnte, bis zu den Schlägen von gestern Abend. Da sagte der Alte: »Mein liebes Kind! Dir ist es nicht besser noch schlimmer ergangen als so manchen, deren liebe Pfleger und Tröster im Sarge unter der Erde ruhen. Zurückkehren kannst du nicht mehr. Da du einmal fortgegangen bist, musst du dir nun ein neues Glück in der Welt suchen. Da ich weder Haus noch Hof, weder Weib noch Kind habe, kann auch ich nicht weiter für dich sorgen, aber einen guten Rat will ich dir umsonst geben. Schlaf diese Nacht hier ruhig aus, wenn morgen die Sonne aufgeht, so merk dir genau die Stelle, wo sie emporstieg. In dieser Richtung musst du wandern, so dass dir die Sonne jeden Morgen ins Gesicht und jeden Abend in den Nacken scheint. Deine Kraft wird von Tag zu Tag wachsen.

Nach sieben Jahren kommt ein mächtiger Berg vorzustehen, der so hoch ist, dass sein Gipfel bis in die Wolken reicht. Dort wirst du dein künftiges Glück finden. Nimm meinen Brotsack und mein Fässchen, du wirst darin täglich so viel Speise und Trank finden, wie du bedarfst. Aber hüte dich davor, jemals ein Krümchen Brot oder ein Tröpfchen vom Trank unnütz zu vergeuden, sonst könnte deine Nahrungsquelle leicht versiegen. Einem hungrigen Vogel und einem durstigen Tiere darfst du reichlich geben: Gott sieht es gern, wenn ein Geschöpf dem andern Gutes tut. Auf dem Grunde des Brotsacks wirst du ein zusammengerolltes Klettenblatt finden, das musst du sehr sorgfältig in Acht nehmen. Wenn du auf deinem Wege an einen Fluss oder See kommst, so breite das Klettenblatt auf dem Wasser aus, es wird sich sofort in einen Nachen verwandeln und dich über die Flut tragen. Dann wickle das Blatt wieder zusammen und steck es in deinen Brotsack.« Nach dieser Unterweisung gab er dem Knaben Sack und Fässchen und rief: »Gott befohlen!« Im nächsten Augenblick war er den Augen des Knaben entschwunden.

Der Knabe hätte alles für einen Traum gehalten, wenn nicht Sack und Fässchen in seiner Hand gewesen wären. Er prüfte den Brotsack und fand darin ein halbes Brot, ein Schächtelchen voll gesalzener Strömlinge, ein anderes mit Butter und dazu noch ein Stück Speckschwarte. Als der Knabe sich satt gegessen hatte, legte er sich schlafen, Sack und Fässchen unter dem Kopfe, damit kein Dieb sie wegnehmen könne. Den andern Morgen wachte er mit der Sonne auf, stärkte sich durch Speise und Trank und machte sich dann auf die Wanderung. Wunderbarerweise fühlte er gar keine Müdigkeit in seinen Beinen, erst der leere Magen mahnte ihn daran, dass die Mittagszeit gekommen war. Er sättigte sich mit der guten Kost, tat ein Schläfchen und wanderte weiter. Dass er den rechten Weg eingeschlagen hatte, sagte ihm die untergehende Sonne, die ihm gerade im Nacken stand. So war er viele Tage in derselben Richtung vorwärtsgegangen, als er einen kleinen See vor sich erblickte. Hier konnte er die Kraft seines Klettenblattes prüfen. Wie es der alte Mann vorausgesagt hatte, lag ein kleines Boot mit Rudern vor ihm auf dem Wasser. Er stieg ein und ein paar Ruderschläge führten ihn ans andere Ufer. Dort verwandelte sich das Boot wieder in ein Klettenblatt und dieses ward in den Sack gesteckt.

So war der Knabe schon manches Jahr gewandert, ohne dass die Nahrung im Brotsack und im Fässchen abgenommen hätte. Sieben Jahre konnten verstrichen sein, denn er war zu einem kräftigen Jüngling herangewachsen, da sah er eines Tages von weitem einen hohen Berg, der bis in die Wolken hineinzuragen schien. Es verging aber noch eine Woche, bevor er den Berg erreichte. Dann setzte er sich am Fuß des Berges nieder, um auszuruhen und zu sehen, ob die Prophezeiungen des alten Mannes in Erfüllung gehen würden. Er hatte noch nicht lange gesessen, als ein Zischen sein Ohr berührte, gleich darauf wurde eine mächtige Schlange sichtbar, die mindestens zwölf Klafter lang war und sich dicht bei dem jungen Manne vorbeiwand. Schrecken lähmte seine Glieder, so dass er nicht fliehen konnte, aber im Nu war auch die Schlange vorüber. Dann blieb für ein Weilchen alles still. Darauf schien es ihm, als käme aus der Ferne ein schwerer Körper in Sätzen herangehüpft. Es war eine große Kröte, so groß wie ein zweijähriges Füllen. Auch dieses hässliche Geschöpf zog an dem Jüngling vorüber, ohne ihn gewahr zu werden. Sodann vernahm er in der Höhe ein starkes Rauschen, als wenn ein schweres Gewitter sich erhebe. Als er hinaufsah, flog hoch über seinem Haupte ein großer Adler in dieselbe Richtung wie vorher die Schlange und die Kröte. ›Das sind wunderbare Dinge, die mir Glück bringen sollen!‹, dachte der Jüngling. Dann sah er plötzlich einen Mann auf einem schwarzen Pferd auf sich zukommen. Das Pferd schien Flügel an den Füßen zu haben, denn es flog mit Windesschnelle. Als der Mann den Jüngling am Berge sitzen sah, hielt er sein Pferd an und fragte: »Wer ist hier vorübergekommen?« Der Jüngling erwiderte: »Erstens eine große Schlange, wohl zwölf Klafter lang, dann eine mächtige Kröte von der Größe eines zweijährigen Füllens und endlich ein großer Adler hoch über meinem Kopfe und sein Flügelschlag rauschte wie ein Gewitter daher.« – »Du hast recht gesehen«, sagte der Fremde, »es sind meine schlimmsten Feinde und ich jage ihnen nach. Dich könnte ich in meinem Dienste brauchen. Klettre über den Berg, so kommst du gerade in mein Haus. Ich werde mit dir zugleich dort anlangen, wenn nicht noch früher.«

Der junge Mann versprach zu kommen, worauf der Fremde wie der Wind davonritt.

Es war nicht leicht, den Berg zu erklimmen. Der Wanderer brauchte drei Tage, eh er den Gipfel erreichte und dann wieder drei Tage, bis er auf der anderen Seite an den Fuß des Berges gelangte. Der Wirt stand schon vor seinem Hause, erzählte, dass er Schlange und Kröte glücklich erschlagen habe, des Adlers aber nicht habhaft geworden sei. Dann fragte er den jungen Mann, ob er Lust habe, als Knecht bei ihm einzutreten. »Gutes Essen bekommst du täglich, so viel du willst und auch mit dem Lohne will ich nicht geizen, wenn du dein Amt getreulich verwaltest.« Der Vertrag wurde abgeschlossen. Der Wirt führte den neuen Knecht im Hause umher und zeigte ihm, was er zu tun habe. Es war dort ein Keller im Felsen angebracht und durch dreifache Eisentüren verschlossen. »In diesem Keller sind meine bösen Hunde angekettet«, sagte der Wirt, »du musst dafür sorgen, dass sie sich nicht unterhalb der Tür mit den Pfoten herausgraben. Denn wisse: Wenn auch nur einer dieser Hunde frei würde, so wäre es nicht mehr möglich, die beiden anderen festzuhalten, sondern sie würden nacheinander dem Führer folgen und alles Lebendige auf Erden vertilgen. Wenn schließlich der letzte Hund ausbräche, so wäre das Ende der Welt da und die Sonne hätte zum letzten Male geschienen.« Darauf führte er den Knecht an einen Berg, den Gott nicht geschaffen hatte, sondern der von Menschenhänden aus mächtigen Felsblöcken aufgetürmt war. »Diese Steine«, sagte der Wirt, »sind deswegen zusammengetragen, damit immer wieder ein neuer Stein hingewälzt werden kann, sooft die Hunde ein Loch ausgraben. Die Ochsen, die den Stein führen sollen, will ich dir im Stall zeigen und dir auch alles Übrige mitteilen, was du dabei zu beobachten hast.« Im Stalle fanden sie an hundert schwarze Ochsen, deren jeder sieben Hörner hatte, sie waren reichlich zweimal so groß wie die größten Ukrainer Ochsen. »Sechs Paar Ochsen vor die Steinfuhre gespannt, führen einen Stein mit Leichtigkeit hinweg. Ich werde dir eine Brechstange geben, wenn du den Stein damit berührst, rollt er von selbst auf den Wagen.

Du siehst, deine Arbeit ist so mühsam nicht, desto größer muss deine Wachsamkeit sein. Dreimal bei Tage und einmal bei Nacht musst du nach der Tür sehen, damit kein Unglück geschieht, der Schaden könnte sonst größer sein, als du vor mir verantworten kannst.«

Bald hatte der Jüngling alles begriffen, sein neues Amt war ganz nach seinem Sinne, alle Tage das beste Essen und Trinken, wie es ein Mensch nur begehren konnte. Nach zwei bis drei Monaten hatten die Hunde ein Loch unter der Tür gekratzt, groß genug, um die Schnauze durchzustecken, aber sogleich wurde ein Stein davor gestemmt und die Hunde mussten ihre Arbeit von neuem beginnen. So waren nun viele Jahre verstrichen und der Knecht hatte sich ein hübsches Stück Geld angesammelt. Da erwachte in ihm das Verlangen, einmal wieder unter andere Menschen zu kommen. War der Herr auch gut, so wurde dem Knecht doch die Zeit entsetzlich lang, zumal wenn den Herrn die Lust anwandelte, einen langen Schlaf zu halten. Dann schlief er immer sieben Wochen lang, ohne sich sehen zu lassen.

Wieder einmal war eine solche Schlaflaune über den Wirt gekommen, als eines Tages ein großer Adler sich auf dem Berg niederließ und zu sprechen anhub.

»Bist du nicht ein großer Tor, dass du dein schönes Leben für gute Kost hinopferst? Dein zusammengespartes Geld nützt dir nichts, denn es sind ja keine Menschen hier, die es brauchen. Nimm des Wirtes windschnelles Ross aus dem Stalle, bind ihm deinen Geldsack um den Hals, setz dich auf und reite in der Richtung fort, wo die Sonne untergeht, so kommst du nach wenigen Wochen wieder unter Menschen. Du musst aber das Pferd an einer eisernen Kette festbinden, damit es nicht davonlaufen kann, sonst kehrt es zu seiner gewohnten Stätte zurück und der Wirt kann kommen, um dich zu holen. Wenn er aber das Pferd nicht hat, so kann er nicht von der Stelle.« – »Wer soll denn hier die Hunde bewachen, wenn ich weggehe, während der Wirt schläft?«, fragte der Knecht. »Ein Tor bist du und ein Tor bleibst du!«, erwiderte darauf der Adler.

Märchen aus Estland

Die Schmiedstochter und die schwarze Frau

Es war einmal ein Schmied, der war sehr arm. Er lebte mit seiner Frau und einem Dutzend Kinder in einer elenden Hütte. Hunger und Not waren groß. Schließlich wusste er sich gar nicht mehr zu helfen und kaufte mit seinen letzten sieben Münzen einen Strick, um sich daran zu erhängen. Damit ging er in den Wald. Er suchte einen starken Ast. Doch als er gerade eine Schlinge knüpfen wollte, stand auf einmal eine schwarze Frau vor ihm und sprach: »Schmied, halte ein mit deinem Tun!«

Der Schmied zog erschrocken die Schlinge vom Ast herab. Im selben Augenblick war die schwarze Frau verschwunden. Kaum war sie aber weg, da warf er von neuem die Schlinge über den Ast.

Aber da erschien die schwarze Frau wieder, ganz so, als sei sie aus dem Boden gewachsen. Sie hob drohend den Zeigefinger und sprach: »Habe ich es dir nicht gesagt, Schmied, lass ab von deinem Tun!« Der Schmied zog gehorsam den Strick wieder vom Ast herab und machte sich auf den Weg nach Hause. Unterwegs aber dachte er bei sich: »Was hilft's, daheim muss ich ja doch Hungers sterben und die Meinen mit mir. Da will ich doch lieber selbst meinem Leben ein Ende setzen.« Also suchte er wieder einen starken Ast, warf den Strick darüber und wollte eine Schlinge knüpfen. Im selben Augenblick stand wieder die schwarze Frau vor ihm, als sei sie aus dem Boden gewachsen. Sie schaute böse und fragte streng: »Schmied, warum gehorchst du mir nicht?«

»Was nützt es mir«, antwortete der Schmied traurig, »wenn ich Euch gehorche, wir müssen ja doch alle Hungers sterben.«

»Nein, ihr alle sollt leben und müsst nicht Hungers sterben. Ich werde dir so viel Geld geben, wie du dir nur wünschen kannst. Aber du musst mir dafür etwas zum Lohne geben, das es in deinem Hause gibt, von dem du aber nichts weißt.«

Der Schmied wunderte sich sehr über diese merkwürdigen Worte und dachte:»Was soll es denn in meinem Hause geben, von dem ich nichts weiß?«Als die schwarze Frau ihm einen Sack voller Dukaten übergab, so schwer, dass er ihn nur mit Mühe tragen konnte, freute er sich, bedankte sich überschwänglich und sagte es ihr bedenkenlos zu.

Er nahm den Sack vom Boden auf und machte sich auf den Heimweg. Die schwarze Frau aber rief ihm nach:»Vergiss dein Versprechen nicht! In sieben Jahren werde ich mir das holen, von dem du jetzt nichts weißt!«

»Ach«, lachte der Schmied,»was in meinem Hause ist, das weiß ich nur zu gut. Es ist wenig genug. Und sollte es noch etwas geben, von dem ich nichts weiß, dann kannst du's meinetwegen gleich mitnehmen.«

Als nun der Schmied nach Hause kam und den Sack voller Dukaten ausschüttete, da kannte die Freude keine Grenzen. Die Frau zeigte ihm ein kleines Mädchen, ihr jüngstes Töchterchen, das sie soeben zur Welt gebracht hatte. Das Kind hatte goldene Haare und trug einen goldenen Stern auf der Stirn. »Dieses Goldsternchen hat uns wohl Glück gebracht«, sprach die Schmiedin. Der Schmied aber wurde traurig, denn nun wusste er, was die schwarze Frau gemeint hatte.

Die Zeit verging und Goldsternchen war ein wunderschönes Mädchen von sieben Jahren geworden. Sie war den Eltern Freude und Leid zugleich. Am siebenten Geburtstag des Kindes hielt eine schwarze Kutsche vor dem Schmiedehaus. Die schwarze Frau stieg heraus und sprach:»Schmied, nun will ich dein Versprechen einlösen. Ich bin gekommen, um dein Töchterchen zu holen.«Vergeblich weinten und flehten die Eltern und Geschwister. Die schwarze Frau war unerbittlich. Goldsternchen musste in die Kutsche steigen. Die Peitsche knallte und schon sausten die Pferde los.

Lange, lange fuhren sie dahin. Sie kamen durch weite Einöden und dichte dunkle Wälder. Endlich hielten sie vor einem großen schwarzen Schloss. Dort sprach die schwarze Frau zu dem Mädchen: »Hundert Zimmer sind in diesem Schloss. Alle darfst du sie betreten, nur das hundertste nicht. Wenn du es dennoch tust, so wird's dir schlimm ergehen.«

Sie reichte ihr einen Schlüsselbund und sprach weiter: »Ich werde nun fortgehen. In sieben Jahren komme ich wieder und schaue nach.«

Goldsternchen lebte nicht schlecht in dem schwarzen Schloss. Sie kam durch neunundneunzig Zimmer und an das hundertste dachte sie nicht einmal. Wie im Fluge vergingen sieben Jahre. Als die sieben Jahre nun um waren, genau an diesem Tage kam die schwarze Frau mit ihrer Kutsche angefahren. Sie fragte das Mädchen: »Warst du in dem hundertsten Zimmer?« Goldsternchen sprach die Wahrheit, als sie antwortete: »Nein.«

»Du hast gut daran getan, dass du mir gehorcht hast. Ich werde nun wieder fortgehen. In sieben Jahren komme ich zurück. Wenn du mir auch diesmal gehorchst, so wird es dir gut ergehen. Betrittst du aber das hundertste Zimmer, wird Unheil dich ereilen. Dir wird Schrecklicheres als der Tod widerfahren.«

Mit diesen Worten stieg die schwarze Frau wieder in die Kutsche und fuhr davon. Wie im Fluge vergingen auch die zweiten sieben Jahre. Schon brach der Morgen des Tages an, an dem die schwarze Frau zurückkommen wollte. Goldsternchen freute sich darauf, dass diese sie loben und belohnen würde. Auf einmal aber hörte sie liebliche Musik. Sie ging den lockenden Tönen nach und merkte bald, dass die Musik aus dem verbotenen Zimmer klang. Da konnte sie nicht widerstehen. Sie öffnete die Tür und erstarrte: Zwölf schwarze Männer saßen um einen Tisch. Der dreizehnte stand hinter der Tür. Dieser rief klagend: »Goldsternchen, Goldsternchen, ach, was hast du getan!« Bleich und zitternd vor Schrecken fragte sie: »Was soll ich nur tun?«

»Du darfst keinem Menschen auch nur mit einem Wort verraten, was du hier gesehen und gehört hast. Du musst schweigen, was auch immer geschieht. Nur so kannst du deine Schuld wiedergutmachen.«

Rasch schloss Goldsternchen die verbotene Tür, denn schon hörte sie die schwarze Kutsche in den Schlosshof donnern. Die schwarze Frau ging geradewegs auf sie zu und fragte streng: »Was hast du in dem verbotenen Zimmer gesehen?« Sie wusste schon, was geschehen war. Goldsternchen aber schwieg. »Wenn du mir nicht antworten willst, nun gut, so brauchst du auch nicht zu sprechen. Von nun an sollst du stumm sein. Nur mit mir sollst du sprechen können.« Dann jagte sie Goldsternchen aus dem Schloss. Diese ging, soweit ihre Beine sie tragen konnten. Schließlich kam sie zu einer schönen grünen Wiese. Sie ließ sich dort ins Gras niedersinken und weinte, bis sie einschlief. Es war aber gerade ein Königssohn in dieser Gegend auf der Jagd. Als er das schöne schlafende Mädchen sah, verliebte er sich sofort in sie. Er erkannte bald, dass sie stumm war. Trotzdem setzte er sie auf sein Ross, brachte sie in sein Schloss und heiratete sie.

Goldsternchen lebte glücklich an seiner Seite. Es war noch kein Jahr vergangen, da schenkte sie einem Knaben mit goldenen Haaren und einem goldenen Stern auf der Stirn das Leben. Alle freuten sich sehr über den schönen kleinen Prinzen. In derselben Nacht noch erschien aber die schwarze Frau am Bett der jungen Königin und sprach böse: »Was hast du im verbotenen Zimmer gesehen? Wenn du es mir nicht sagst, töte ich dein Kind!« Goldsternchen war entsetzt, doch gedachte sie der Worte des dreizehnten Mannes und erinnerte sich an ihr Versprechen. Sie schwieg. Da nahm die schwarze Frau das Kind aus der Wiege, tötete es und beschmierte die Lippen der jungen Königin mit Blut. Dann verschwand sie mit dem toten Kind.

Am Morgen erschraken alle im Schloss, als sie den kleinen Prinzen nirgends finden konnten und das Blut an den Lippen der Königin sahen.

Voller Grauen sprachen sie untereinander, ob sie ihn wohl aufgefressen habe. Niemand aber wagte, solch einen schrecklichen Gedanken laut gegenüber dem König auszusprechen. Der König selbst sprach kein einziges Wort. Und Goldsternchen war ja stumm.

Als ein Jahr vergangen war, gebar die Königin abermals ein Kind, ein Mädchen mit goldenen Haaren und einem goldenen Stern auf der Stirn. Alle im Schloss waren voller Freude über die kleine Prinzessin und doch fürchteten sie, das Mädchen könnte genauso verschwinden, wie vor einem Jahr ihr Bruder verschwunden war. Deshalb ließ der König Wachen vor Goldsternchens Zimmer aufstellen. All das aber war vergebliche Mühe. In derselben Nacht erschien wieder die schwarze Frau am Bett der Königin und drohte mit harten Worten: »Wenn du mir nicht sagst, was du in dem verbotenen Zimmer gesehen hast, so töte ich auch dieses Kind!« Goldsternchen weinte bitterlich und dennoch schwieg sie. Da nahm die schwarze Frau das Kind aus der Wiege, tötete es, beschmierte die Lippen der Königin mit Blut und verschwand mit dem toten Kind.

Am Morgen waren alle im Schloss außer sich vor Entsetzen, als sie die kleine Prinzessin nirgends finden konnten und das Blut an den Lippen der Königin sahen. Da befahl der König, dass Goldsternchen draußen vor der Stadt auf dem Scheiterhaufen verbrannt werden sollte. Goldsternchen weinte bitterlich. Da sie stumm war, konnte sie kein Wort zu ihrer Verteidigung sagen. Keine Menschenseele hatte Mitleid mit ihr.

Als nun der Henker Goldsternchen zum Scheiterhaufen führte, erschien auf einmal wieder die schwarze Frau. Sie sprach: »Komm und erzähle mir, was du in dem verbotenen Zimmer gesehen hast. Sagst du es mir nicht, musst du elend in

den Flammen sterben.« Doch auch diesmal sprach Goldsternchen kein einziges Wort. Da wurde sie auf den Scheiterhaufen
gestellt und das Feuer wurde entfacht. Schon züngelten die
Flammen um Goldsternchens Füße. Da verwandelte sich die
schwarze Frau auf einmal in eine hohe, weiße Frau. Diese befahl mit mächtiger Stimme: »Löscht das Feuer!«

Da staunten und erschraken alle. Der Henker erstickte sofort die Flammen. Die weiße Frau winkte eine Kutsche herbei
und holte zwei kleine Kinder, einen Knaben und ein Mädchen,
die beide einen goldenen Stern auf der Stirn trugen und goldene Haare hatten, heraus. Sie reichte sie Goldsternchen und
sprach: »Hier sind deine Kinder, denen kein Leid geschehen
ist. Ich habe sie wieder zum Leben erweckt. Es ist dein und
mein Glück, dass du geschwiegen hast. So hast du uns alle
erlöst.« Mit diesen Worten stieg sie in die Kutsche, fuhr davon
und wurde nie wieder gesehen.

Goldsternchen konnte nun wieder sprechen und sie erzählte dem König alles, was sich zugetragen hatte. Da führte er
seine Frau glücklich heim aufs Schloss. Er ließ den Schmied
und die Schmiedin und alle ihre Kinder holen. Und so lebten
sie alle zusammen noch lange in Freude und Zufriedenheit bis
an ihr seliges Ende.

Märchen aus Polen

Die Zarensöhne als Schwäne

Es war einmal ein Zar, der regierte mit seiner Frau, und sie hatten zwölf Söhne. Das waren Schwäne. Und wieder war die Zarin in guter Hoffnung. Da träumte der Zar, ein Stern sei auf seine Paläste gefallen und hätte alle Paläste und den ganzen Hof erleuchtet.

Am Morgen erzählte er seiner Frau, er habe geträumt, ein Stern sei vom Himmel auf die Paläste gefallen und habe sie erleuchtet.

»Ja«, sagte er dann noch, »wenn es Gott gibt, dass du eine Tochter bekommst, werde ich meine Söhne umbringen. Meiner Tochter aber werde ich das Zarenreich geben.«

»Was bist du für ein Vater, dass du dein eigen Fleisch und Blut umbringen willst?«

»Nicht du hast zu bestimmen«, sagte er, »sondern ich. Mein Wort ändere ich nicht. Was ich gesagt habe, das geschieht auch.«

Er rief Tischler, gab ihnen Bretter und ließ sie zwölf Särge für seine Söhne machen. Die Tischler machten sie, stellten sie nebeneinander in einer dunklen Kammer auf und verschlossen sie dort, damit, wenn die Zarin eine Tochter zur Welt bringen würde, die Söhne in den Särgen begraben würden.

Einmal ging die Zarin mit ihrem jüngsten Sohn im Garten spazieren. Sie war traurig.

Er aber fragte: »Was seid Ihr so traurig, Mütterchen?«

»Ich bin traurig, Söhnchen«, sagte sie, »weil du, selbst wenn ich es dir sage, meinem Kummer doch nicht abhelfen kannst.«

»Doch, doch, sagt es nur, Mütterchen!«

»Ja, Söhnchen«, sagte sie, »euer Vater will euch alle verderben. Sowie ich eine Tochter zur Welt bringe, wird er euch umbringen.«

Der Sohn, es war Iwanka, der Jüngste, erzählte es sofort seinen Brüdern.

»So und so, unser Vater will uns umbringen, wenn unsere Mutter eine Tochter, also ein Schwesterchen, zur Welt bringt. Da werden wir aus unserem Zarenreich fliehen.«

Sie fragten ihr Mütterchen, in welches Land sie fliehen sollten. Da sagte sie:»Verlasst die Stadt und haltet euch nach links. Dort werdet ihr auf einen Wald stoßen. Geht in diesen Wald und lebt dort. Jetzt ist Winter und draußen auf dem freien Feld würdet ihr sterben. Im Wald aber könnt ihr vielleicht leben. Ich werde Gott bitten, dass er euch erwärmt und euch Feuer schickt. Im Wald bleibt ihr einen Monat, dort ist eine hohe Eiche. Klettert hinauf und schaut nach eurem Zarenreich! Bringe ich einen Sohn zur Welt, werde ich eine weiße Fahne hinaushängen. Dann kommt nach Hause. Bringe ich aber eine Tochter zur Welt, wird es eine rote sein. Dann lauft noch weiter in den Wald hinein und verlasst diesen Ort!«

In der Nacht zogen sie los. Ihr Mütterchen gab ihnen Essen mit und sie kamen in den Wald. Sie gingen lange oder auch nicht, kamen in die Mitte des Waldes, scharrten das Laub auseinander und auf dieser freien Fläche machten sie sich ein Lager. Sie hatten Pistolen bei sich, so gingen sie durch den Wald und jagten. Nachts krochen sie in das Laub und schliefen dort. So blieben sie dreißig Tage. Dann sagten sie:»Mütterchen hat gesagt: ›Wenn dreißig Tage vorbei sind, klettert auf die Eiche, ganz bis oben hin und haltet Ausschau.‹«

Da kletterte einer hinauf und schaute auf ihr Zarenreich. Da leuchtete eine rote Fahne ganz hell, dass er gar nicht hinsehen konnte. Er kam wieder herunter und sagte:»Lasst uns weiter weg fliehen, Brüder! Unser Mütterchen hat gesagt, man wird uns suchen.«

Sie gingen weiter und zogen noch an die zehn Tage durch diesen Wald. Dann stießen sie auf eine Hütte. Sie gingen hinein, aber niemand war da. Die Hütte war leer. So lebten sie dort.

»Gott sei Dank, Gott hat uns eine Hütte gegeben. Unser Mütterchen hat sie von Gott erbeten.« Sie lebten also in der

Hütte und Iwanka, der Jüngste, buk und kochte ihnen das Essen. Sie gruben Wurzeln aus und aßen sie, Iwanka kochte das Fleisch, das die andern von der Jagd als Wildbret nach Hause brachten. So lebten sie in dieser Hütte zwölf Jahre.

Inzwischen wuchs die Tochter des Zaren heran. Sie bemerkte, dass ihre Mutter nachts immer niederkniete und betete. Sie sah es einmal, zweimal, dreimal, und dann fragte sie ihr Mütterchen:»Warum betet Ihr nachts zu Gott und kniet nieder? Ich habe Euch wohl schon fünfmal so gesehen.«

Da sagte sie:»Ich bin das so gewohnt, ich mache das jede Nacht.«

»Nein«, sagte das Mädchen,»sagt es! Vielleicht erfleht Ihr etwas von Gott.«

»Ach, mein Töchterchen«, sagte sie,»ich hatte zwölf Söhne, die waren Schwäne. Und dein Vater hat gesagt: ›Wenn du eine Tochter zur Welt bringst, werde ich meine Sohne töten und meiner Tochter das Zarenreich geben.‹ Deshalb sind sie geflohen.«

»Gut, dass Ihr das gesagt habt, Mütterchen. Jetzt werde ich gehen, meine Brüder zu suchen. Ich werde sie finden.«

»Nein, meine Tochter, deine Brüder sind weit fort. Vielleicht sind sie nicht mehr auf dieser Welt und dann wirst du auch umkommen.«

»Welchen Weg haben sie denn beim ersten Mal eingeschlagen?«

»Sie sind in den Wald gegangen. Vielleicht haben die wilden Tiere sie gefressen, vielleicht sind sie erfroren oder verhungert.«

»Ich werde gehen und sie suchen. Sagt dem Väterchen nichts. Ich werde mich in der Nacht aufmachen.«

»Wie willst du denn deine Brüder erkennen, Töchterchen? Du kennst sie doch gar nicht. Aber ich gebe dir zwölf Hemden und wenn du deine Brüder findest, werden sie die Hemden erkennen und sagen: ›Das ist meins und das ist meins.‹ Wenn dies geschieht, dann sind es deine Brüder.« Das Töchterchen hörte sich alles an, band die Hemden in ein Tuch und schlug den gleichen Weg ein, den ihr Mütterchen ihr gewiesen hatte. Sie ging in den Wald, ging drei Tage und Nächte oder auch vier und fand einen freien Platz, dort ruhte sie an einer hohen Eiche aus. Sie sagte: »Hier war etwas, ist aber davongelaufen.« So ging sie tiefer in den Wald hinein. Wieder ging sie drei Tage und Nächte oder auch vier. Da kam sie an eine Hütte. Sie ging hinein. Da sah der jüngste Schwan, Iwanka, das schöne Mädchen. Er dachte: »Woher kommt sie nur? Wir wohnen hier schon zwölf Jahre und haben nicht eine Menschenseele gesehen. Nun aber kommt ein Mädchen, so schön, dass man die Augen nicht abwenden kann.« Sie kam und begrüßte ihn.

»Guten Tag«, sagte sie.

»Guten Tag. Woher kommst du denn in diesem Walde, du schönes Mädchen?« – »Ich suche meine Brüder.«

»Wer bist du denn?«

»Ich bin die Zarentochter«, sagte sie.

»Und wie ist dein Name?«

»Mein Name ist Goldstern.«

»Nun, gehen wir in unser Zimmer. Dort könnt Ihr Euch ausruhen.« Er führte sie in sein Zimmer. Sie hielt das Tuch mit den Hemden in der Hand, sie legte das Tuch auf den Tisch, band es auf und dort lagen die zusammengerollten Hemden.

Er sah sie, erblickte auf den Kragen Nummern aus Gold und sagte: »Das ist meines!«

Da sagte sie: »Wenn das dein Hemd ist, bist du auch mein Bruder.«

Da umarmten sie sich, küssten sich und weinten.

»Wo sind denn die Brüder?«, fragte sie.

»Sie sind in den Wald auf die Jagd gegangen. Sie kommen aber bald wieder. Wo soll ich dich nur verstecken, damit sie dich nicht gleich erblicken? Versteck dich hier in der Ecke.«

Sie setzte sich dorthin.

Die Brüder kamen.

»Nun, Bruder, ist das Essen fertig?«

»Es ist fertig«, sagte er. »Was habt ihr denn im Wald gesehen, Brüder, als ihr dort herumgelaufen seid?«

»Neue Tiere, die wir noch nie gesehen haben.«

»Ihr seid im Walde herumgelaufen und habt gar nichts gesehen. Ich aber habe im Zimmer mehr als ihr gesehen.«

»Was hast du denn gesehen? Zeig es!«

»Ich will es euch zeigen!«

Da schob sie den Vorhang zurück und begrüßte sie alle. Danach band sie wieder die Hemden auf.

»Nun, wenn ihr meine Brüder seid, erkennt ihr auch die Hemden.«

Sie griffen danach, warfen sie durcheinander und waren hocherfreut.

»Das ist meines und das ist meines«, sagten sie.

»Nun, wenn das eure Hemden sind, dann seid ihr auch meine Brüderchen.«

Nun gingen sie wieder auf die Jagd, sie aber bereitete mit dem Jüngsten, dem Iwanka, das Essen für die Brüder. So lebte sie mit den Brüdern einen Monat oder auch zwei.

»Zieht eure Hemden aus, ich gehe sie waschen, denn ihr habt sie schon schmutzig gemacht!«

Sie zogen sie aus, das Mädchen nahm sie und ging ans Meer, sie zu waschen. So, wie sie alle zwölf zusammenhielt, ließ sie sie los. Sie sanken auf den Grund. Da griff sie sich an den Kopf, war traurig und weinte, dass sie ihren Brüdern so etwas angetan hatte. So teure Hemden und sie hatte sie fallen lassen! Sie wehklagte und wehklagte, aber da half nichts. Sie musste zu den Brüdern gehen und eingestehen, dass sie die Hemden verloren hatte. So ging sie also zurück. Da traf sie unterwegs eine alte Frau.

»Guten Tag, Zarentochter Goldstern«, sagte die Alte.

»Guten Tag, Großmütterchen«, sagte das Mädchen.

»Was gehst du denn so traurig umher?«

»Wie sollte ich nicht traurig sein, wenn ich die Hemden habe fallen lassen, die teuren Hemden von meinen Brüdern? Nun gehe ich und sage ihnen, dass ich sie verloren habe. Deshalb bin ich so traurig und gräme mich so!«

»Sei nicht traurig, Zarentochter Goldstern«, sagte die Frau, »das ist noch kein Grund zur Trauer. Das Schlimmste steht dir erst noch bevor.«

»Schlimmeres kann es nicht geben, als dass ich die Hemden ins Meer habe fallen lassen.«

»Nein, das ist kein Grund zur Trauer. Traurig ist aber, dass deine Brüder wieder zu Schwänen geworden und in fremde Länder geflogen sind.« – »Werde ich sie dann in meinem Leben noch einmal wiedersehen oder nicht, Großmütterchen?«

»Tust du was, siehst du sie wieder. Wenn nicht, dann nicht.«

»Dann lehrt mich doch, was ich tun muss, damit ich meine Brüder wiedersehe!«

»Nun, du glaubst mir ja doch nicht. Aber geh zurück in das Häuschen, wo du mit deinen Brüdern gewohnt hast, und da wirst du sehen, dass sie nicht mehr da sind. Dann gehst du nach rechts. Dort ist ein kleiner Pfad. Nach einer Werst stößt du auf eine Höhle. Darin steht Essen und Trinken für dich: Zwieback, Wurzeln und Wasser. An der Höhle sind große Brennnesseln. Du musst sie pflücken, den Bast von den Fasern trennen und dann allen deinen Brüdern, vom ersten bis zum letzten, Hemden stricken. Wenn dich jemand fragt, darfst du nicht antworten. Erst dann, wenn du mit den Hemden fertig bist, darfst du antworten. Hast du alle Hemden gestrickt, werden sie zu dir zurückkehren, werden sich setzen, du wirfst ihnen die Hemden über und sie verwandeln sich wieder in Menschen, wie sie es waren. Da du aber von zartem Geschlecht bist, wird dieses erbärmliche Brennnesselkraut dich bis ins Herz stechen. Aber willst du deine Brüder wiedersehen, dann stricke und stricke, wenn du jemandem antwortest, bevor sie fertig sind, war deine Arbeit umsonst und du siehst deine Brüder nie wieder.«

Sie kam zu dem Häuschen und niemand war da. Dann ging sie nach rechts, wo der kleine Pfad war, fand dort die Höhle und an der Höhle Brennnesseln, so groß wie Schilf und in der Höhle war auch Speise für sie, Zwieback, Wurzeln und Wasser. Die Höhle war nicht abgeschlossen, so ging sie hinein, aß Zwieback und Wurzeln und trank sich an dem Wasser satt, dann ruhte sie sich aber nicht aus, sondern machte sich gleich an die Arbeit. Sie pflückte Brennnesseln, entfernte den Bast und strickte gleich für den ersten Bruder ein Hemd. Die Brennnesseln stachen sie bis ins Herz, sie aber arbeitete immer weiter. Mochten sie nur brennen, sie würde sich schon daran gewöhnen! So strickte sie sechs Hemden, rollte sie zusammen und machte sich an das siebente.

Da kam ein Zarensohn, der mit seinen Jägern auf die Jagd geritten war, und sie fanden sie im Wald bei der Höhle. Dort saß sie und verrichtete ihre Arbeit. Als die Leute das sahen, berichteten sie dem Zarensohn, dass sie ein schönes Mädchen im Wald gefunden hätten. Er stieß ins Horn, versammelte alle und sie begaben sich zu ihr.

Der Zarensohn sagte: »Guten Tag, schönes Mädchen.«

Sie aber nickte nur mit dem Kopf, verneigte sich und antwortete nicht.

»Das ist ein schönes Mädchen«, sagte der Zarensohn zu den Jägern, »aber wahrscheinlich ist sie stumm, weil sie nicht antwortet. Nun, ich nehme sie mit nach Hause.«

Und als sie sich nun anschickten, sie mit sich zu führen, wehrte sie sich. Er aber ließ nicht ab und sagte zu seinen Männern: »Nehmt sie und schleppt sie auf dem Karren mit!«

Sie setzten sie hinauf und fuhren los. Die Zarentochter nahm die Hemden mit, die sie gestrickt hatte, und noch ein Bündel oder eine Handvoll Brennnesseln. Er brachte sie in sein Zarenreich und stellte sie seinem Vater und seiner Mutter vor.

»Dieses Mädchen hier habe ich gefunden und im ganzen Zarenreich gibt es keine Schönere. Nur schade, dass sie nicht antwortet, sie muss wohl stumm sein. Gebt mir Euren Segen, Vater, dass ich sie heirate.«

»Sie ist doch stumm!«

»Was macht das schon? Sie kann nichts dafür und ich will mit ihr leben, auch wenn sie stumm ist.«

Der Vater erlaubte es, dass sie heirateten, sie feierten Hochzeit. Am zehnten Tage nach der Hochzeit starb der alte Zar und man leistete seinem Sohn den Untertanen-Eid.

Die Mutter des jungen Zaren aber war eine böse Zauberin. So lebten sie eine Zeit, die junge Frau des Zaren verrichtete ihre Arbeit und antwortete niemandem. Die Brennnesseln brannten bis zu den Ellbogen und sie war nur noch Haut und Knochen. Das Bündel, das sie mitgenommen hatte, reichte noch für drei weitere Hemden, so waren es nun schon neun. Als in der Nacht alle schliefen, machte sie sich auf und ging in den Wald zu der Höhle, um Brennnesseln zu pflücken. Sie entfernte aber nicht gleich den Bast, sondern nahm die Brennnesseln auf die Schultern und nahm sie nach Hause, damit niemand sie sah. Als sie zurückkam, erblickte die Schwiegermutter sie durch das Fenster und sie sah, dass sie eine Art Garbe trug. Am anderen Morgen sagte sie zu ihrem Sohn: »Du hast eine Zauberin und keine Frau. Als alle eingeschlafen waren, habe ich gesehen, dass sie eine Art Garbe ins Zimmer gebracht hat. Heirate eine andere, die aber bringe um oder verjage sie aus deinem Zarenreich!«

Er hörte nicht auf das, was die Mutter zu ihm sagte. Sie sagte es wohl noch zehnmal, da gehorchte er und übergab sie dem Gericht.

»Richtet über sie, wie ihr es wisst, nach dem Gesetz!«

Sie richteten und beschlossen, dass in der Mitte des Palastes ein Scheiterhaufen errichtet werden und sie dort hinaufgeworfen werden sollte. Dann sollte der Scheiterhaufen angezündet und sie dort verbrannt werden. Sie trugen Holz zusammen, nahmen sie, führten sie dorthin, die ganze Zarenfamilie und ihr Gefolge waren alle gekommen und der Zar fragte noch einmal: »Vielleicht kannst du jetzt sprechen? Ich liebe dich und mein ganzes Zarenreich liebt dich, nun musst du dich aber zu erkennen geben, wenn du sprechen kannst.«

Sie nickte nur mit dem Kopf und wehrte mit den Händen ab. Da packten sie sie, zündeten das Feuer an und führten sie zu dem Scheiterhaufen. Sie aber nahm die Hemden, die sie gestrickt hatte. Sie hatte schon alle zwölf fertig. Nur am Hemd des Jüngsten fehlte noch ein Ärmel. Sie zündeten den Scheiterhaufen an, da kamen die Schwäne geflogen und setzten sich rings um den Scheiterhaufen. Da ging sie und warf dem ersten und dem zweiten und allen zwölf ihre Hemden über, die Schwäne verwandelten sich in Menschen und es waren zwölf Schwanenrecken. Für den zwölften aber fehlte noch ein Ärmel, so hatte er einen Arm und einen Flügel. Sie begrüßten sich, küssten sich und nun begann sie mit den Brüdern zu sprechen. Der Zar hörte, dass sie sprach und freute sich sehr, als er ihre Stimme hörte.

Sie wandte sich an ihn und sagte: »Du wolltest mich umbringen! Aber hätte ich gesprochen, so hätte ich meine Brüder mein Lebtag nicht wiedergesehen.«

»Aus welchem Geschlecht bist du denn?«, fragte er da.

»Ich bin die Zarentochter Goldstern.« Da freute sich der Zar, dass sie aus Zarengeschlecht war und einen guten Namen hatte. Er kehrte zurück in sein Haus und hieß seine Leute drei Tage und drei Nächte zu trinken und zu feiern, er freute sich über die Zarin, über Goldstern.

Fast hätte er sie ums Leben gebracht, aber Gott hatte gegeben, dass sie nun doch wieder sprach. Seine Mutter lief gleich aus dem Zarenreich fort. In ihr eigenes Zarenreich wollten die Brüder und ihre Schwester nicht wieder zurück und als der Vater der Schwanensöhne gestorben war, sagten sie: »Weil unser Vater uns umbringen wollte, wollen wir nicht in unser Zarenreich.«

Und dort leben sie nun bis zum Tod, kauen Brot und fahren Sachen mit dem Bastschuh spazieren.

Märchen aus der Ukraine

Der Johannistag der Wölfe

Die Wölfe hielten bei einem Freunde zusammen Johannistag, schmausten und zechten viel, waren lustig und guter Dinge. Inzwischen waren die alte Katze, die man hatte ersäufen wollen, weil sie keine Mäuse mehr fing, das alte ausgediente Pferd, das man dem Schinder überliefern sollte, weil es zu nichts mehr taugte, und der Hahn, den man schlachten wollte, ihren Herren entlaufen, hatten sich zusammengefunden und gemeinschaftlich von dem leerstehenden Hause eines Wolfes Besitz genommen. Als dieser spät in der Nacht betrunken heimkehrte, sah er die grässlichen Gestalten. Er lief gleich zurück und rief alle Wölfe hin. Keiner wagte es hineinzugehen. Da zwangen sie einen alten, lahmen Wolf, sein Leben zu wagen, das sei ja ohnehin am wenigsten wert. Voller Angst ging dieser hinein, kam aber bald übel zugerichtet herausgestürzt und erzählte: »Eine Zigeunerin kratzte mit einer langzähnigen Hanfhechel mir ins Gesicht. Ihr Mann schlug mich mit einem dicken Schmiedehammer in die Herzgegend. Ein Drache mit feuriger Säge schlug mit Säbeln um sich und rief: ›Nicht dass ich über dich komme!‹« Kein Wolf wagte es mehr hineinzugehen. Die Katze, das Pferd und der Hahn blieben drinnen und wohnten da bis an ihr Ende. Der Hahn kehrte das Zimmer und den Hof, das Pferd spaltete Holz, die Katze kochte das Essen.

Märchen aus Siebenbürgen

Die kluge Schafhirtin

Es war einmal ein Zar, der ließ eines Tages in allen Landen kundtun, dass derjenige, dem es gelänge, einen ganz bestimmten Stein zu schlachten, so dass Blut davonfließen würde, zum Ersten des ganzen Zarenreiches gemacht werde. Nun kamen aus allen Himmelsrichtungen junge wackere Burschen an den Zarenhof und versuchten den Stein zu schlachten. Aber keinem gelang es. Sie wunderten sich nur sehr darüber, wie man überhaupt einen Stein schlachten könne. In einem Dorf lebte nun ein kluges Mädchen, das hütete die Schafe. Als sie davon erfuhr, verkleidete sie sich als Mann, trat vor den Zaren und sprach: »O hoher Zar, ich kann den Stein schlachten.«

Überall sprach man nun davon, es habe sich einer gefunden, der den Stein schlachten wolle. Und groß war die Zahl derer, die zuschauen wollten, wie dieser es zuwege bringen würde.

Als der Tag gekommen war, an dem der Stein geschlachtet werden sollte, gingen der Zar und alle Vornehmen auf einen freien Platz, denn dort, vor aller Augen, sollte die Schlachtung geschehen. Das Mädchen zog das Messer, wandte sich an den Zaren und sprach: »Hoher Zar, es ist dein Wille, dass ich den Stein hier schlachten soll. So gib du ihm nun zuvor Leben. Wenn ich den lebenden Stein dann nicht schlachte, nimm meinen Kopf!«

Der Zar wunderte sich sehr über diese Worte und sprach: »Du bist der Klügste in meinem Reich. Deshalb will ich dich zum vornehmsten Mann machen. Wenn du mir aber noch eine Aufgabe löst, so sollst du mir sein wie ein eigener Sohn.« Das Mädchen antwortete: »Sage, Zar, was ich tun soll und ich werde versuchen, es zu vollbringen.« Da sprach der Zar: »In genau drei Tagen von jetzt an sollst du wieder hierher an den Hof kommen. Du sollst aber reiten und nicht reiten, sollst mir ein Geschenk bringen und nicht bringen. Alle, Groß und Klein, sollen dich empfangen und du sollst die Leute dahin bringen, dass sie dich empfangen und nicht empfangen.«

Die Schafhirtin ging nun in ihr Dorf und gab den Bauern den Auftrag, drei Hasen und zwei Tauben lebendig zu fangen. Die Bauern erfüllten ihr Begehren sogleich. Am dritten Tage, als sie zum Zaren gehen sollte, steckte sie je einen Hasen in einen Sack, gab die Säcke den Bauern zu tragen und sprach: »Wenn ich euch sage, ihr sollt sie loslassen, dann lasst sie los.«

Sie selbst nahm die beiden Tauben, setzte sich rittlings auf eine Ziege und machte sich auf den Weg zum Zarenpalast. Einige Leute hatte sie als Boten vorausgesandt, die sollten dem Zaren melden, dass sie komme. Als der Zar von ihrem Kommen hörte, zog er aus der Stadt hinaus, um sie mit allen Vornehmen und zahlreichen Stadtleuten zu empfangen. Das Mädchen sah die große Menschenmenge, die sich zu ihrem Empfang versammelt hatte. Nachdem sie ganz nahe an sie herangekommen war, gab die Schafhirtin den Bauern den Befehl, die Hasen vor den Augen der Leute laufen zu lassen. Kaum rannten die Hasen davon, da jagte auch schon eine große Menge von Menschen ihnen hinterher. Die Hirtin, die rittlings auf der Ziege saß, ging bald zu Fuß, die Ziege zwischen den Beinen, bald hob sie die Füße von der Erde und ritt auf der Ziege. So trat sie zu dem Zaren, zog die beiden Tauben aus der Brusttasche und reichte sie ihm hin. In dem Augenblick, als er die Hand nach ihnen ausstreckte, ließ sie sie los, und die Tauben flogen davon.

Da sprach die Schafhirtin zu dem Zaren: »Du siehst, hoher Zar, die Leute haben mich empfangen und nicht empfangen, ich bin geritten und nicht geritten, ich habe dir ein Geschenk gebracht und nicht gebracht.« Da sprach der Zar: »Von heute an sollst du mir wie ein Sohn sein.« Sie aber flüsterte ihm ins Ohr: »Ich bin kein junger Mann, ich bin ein Mädchen.« Da nahm der Zar, der nicht verheiratet war, sie zur Frau. Und so wurde aus der Schafhirtin durch ihre Klugheit die Zarewna.

Märchen aus Bulgarien

Der Dreiäugige

Es war einmal ein Holzhauer, der hatte drei Töchter. Er hatte auch drei Esel, mit diesen brachte er Holz zum Markte, so ernährte er sich und die Kinder. Allein dies reichte nicht aus und er war sehr betrübt, dass er nie so viel erübrigen konnte, ihnen eine Kleinigkeit mit nach Hause zu bringen. Eines Tages jedoch gelang es ihm, Geld genug für ein Kopftuch zu erübrigen und die Töchter freuten sich sehr, als sie es sahen, und die Älteste wollte es umbinden. Sie tat dies also und setzte sich an das Fenster des Stübchens, welches auf die Gasse hinausging. Dort erblickte sie ein vorübergehender Landmann und sie gefiel ihm sehr. Er erkundigte sich daher bei den Nachbarinnen, ob sie noch unverheiratet wäre, und als er hörte, dass dem so sei, bat er sie, für ihn um das Mädchen zu werben, und wenn sie auch nichts hatte, er nehme sie, wie sie stehe und gehe. Die Eltern waren mit diesem Antrag sehr zufrieden und gaben sie ihm.

Als nun das Mädchen in das Haus ihres Mannes kam, wie war dieser so glücklich! Er übergab ihr hundert und einen Schlüssel und sagte ihr, sie könne hundert Zimmer öffnen, das hunderteine aber solle sie nicht aufmachen, denn es wäre ganz leer. »Kurzum«, sprach er, »da der Schlüssel dir doch nichts nütze ist, so gib ihn mir lieber zurück«, und sie gab ihn. Die andern Zimmer aber öffnete sie und sah darin große Schätze und erstaunte darüber sehr. Als sie jedoch dieselben genug angestaunt, so fragte sie sich, warum ihr wohl so gewaltige Reichtümer anvertraut worden wären, das eine Zimmer dagegen nicht, sie wollte daher auch in dieses hineingehen. Sie gab deshalb eines Tages acht, wo ihr Mann den Schlüssel hinlegte, nahm ihn dann fort und öffnete das Zimmer. Sie sah sich darin um und sah nichts als vier leere Wände und einen großen Kasten, überdies aber auch ein Fenster, das auf die Straße ging. »Da seht einer einmal meinen Mann!«, sprach sie, »wozu hat er wohl das Fenster da auf die Straße hinaus? Damit ich aber nicht hinaussehe, hält er das Zimmer verschlossen.« Sie setzte sich also an das Fenster, hatte aber nicht lange gesessen, so sah sie eine Leiche vorüberkommen, dieser folgten jedoch weder weinende Anverwandte noch sonst wer, weshalb die junge Frau selbst zu weinen anfing bei dem Gedanken, dass es ihr auch so gehen würde, da ihr Mann niemand von ihrer Familie zu ihr lassen wollte. Als nun die Leiche beerdigt war, sah sie, wie ihr Mann auf den Begräbnisplatz kam und dort sein Kopf so groß wurde wie ein Scheffel und in dem Kopf hatte er drei Augen, seine Hände wurden so lang, dass sie die ganze Welt zu umfassen schienen, mit ellenlangen Nägeln an den Fingern, und dann fing er an, den Leichnam auszugraben und zu verzehren. Bei diesem Anblick tat sie sich Gewalt an, bis sie die volle Gewissheit hatte, dass er ihn wirklich verzehrte, dann aber wurde sie von einem heftigen Fieberschauer ergriffen und musste sich zu Bett legen.

Nach langer Zeit kehrte der Mann nach Hause, ging seiner Gewohnheit nach in das verschlossene Zimmer, schaute sich um und bemerkte die Spuren von Schritten. »Oho!«, rief er aus. »Was ist das? Meine Frau muss wohl hier gewesen sein und wahrgenommen haben, was ich ihr verborgen hielt!« Er legte dann in den Kasten das, was er mitgebracht hatte, die Haut, die Gebeine und die Haare, sah sich danach noch genauer um, so dass er auch das offene Fenster erblickte. Er machte es zu und sprach: »Ich will doch einmal sehen, was sie mir zu sagen hat und ob sie es mir gestehen wird.« Er ging also zu ihr und fand sie mit drei Decken zugedeckt, weil das Fieber sie noch schüttelte und als sie ihn kommen sah, wurde dies infolge ihrer großen Furcht noch stärker. Da sprach er zu ihr: »Was fehlt dir denn, liebe Frau, bist du krank?«

»Ach«, antwortete sie, »ich werde sterben!«, und indem sie dies sagte und ihn ansah, verkroch sie sich vor lauter Angst unter die Decken. Da sprach jener wieder: »Sag mir doch, soll ich vielleicht deine Mutter holen?«

»Ach ja, lieber Mann, wenn du so gut sein willst«, versetzte die Frau. Er ging hinaus, verwandelte sich in ihre Mutter und trat in dieser Gestalt wieder zu der Kranken hinein. Als solche sagte er zu ihr: »Was hast du denn, du Ärmste? Dein unbarmherziger, liebloser Mann peinigt dich wohl den ganzen Tag über? Sprich, Tochter, was hat er dir getan, dass du so krank bist?«

»Er hat mir nichts getan«, antwortete die junge Frau, »ich bin von selbst krank geworden.«

»Liebe Tochter«, fuhr die angebliche Mutter fort, »du hast so viele Reichtümer, gib mir doch auch etwas davon, damit ich mein und der Meinigen Leben friste.«

»Nein, liebe Mutter, ich kann nicht«, versetzte die junge Frau, »aber wenn mein Mann kommt, so bitte ihn um etwas, denn ich selbst darf nichts fortgeben.« Als der Mann nach längerer Zeit sah, dass seine Frau immer das nämliche wiederholte, stand er auf, grüßte und ging fort. Nachdem er indes seine eigentliche Gestalt wieder angenommen hatte, kam er zurück und sprach: »Wie geht es dir, liebe Frau, ist deine Mutter hier gewesen?«

»Weißt du das nicht, lieber Mann?«, antwortete sie, »sie hat ein paar Groschen von mir verlangt, denn sie ist in großer Not, da du aber nicht da warst, habe ich ihr nichts gegeben.«

»Warum hast du das getan?«, sprach jener, »bist du denn nicht Herrin im Hause?«

»Nein«, antwortete die Frau, »du hättest ihr etwas geben müssen, nicht ich.« Schließlich sprach er zu ihr: »Soll ich dir einen anderen Verwandten holen?«

»Ach ja, lieber Mann«, sprach sie, »tu das.« Auf diese Weise nun ging es mit allen den übrigen Verwandten, bloß die Großmutter war noch übrig, deshalb sagte er: »Willst du auch deine Großmutter?«

»Ach ja«, erwiderte sie, »hole mir auch meine gute Großmutter.« Da ging er hinaus und kam nicht lange darauf als ihre Großmutter mit all ihren Schlauheiten wieder. Sobald aber die junge Frau sie erblickte, rief sie: »Grüß dich Gott, liebe Großmutter, grüß dich Gott! Komm, liebes Großmütterchen, und lass dir meine Leiden erzählen.«

»Sprich, Töchterchen«, antwortete die Alte, »sprich und erzähle mir, was der unbarmherzige Mensch dir antut.« Da fing denn die junge Frau ihre Geschichte an, was für eine Gestalt sie ihren Mann hatte annehmen und was sie ihn hatte tun sehen. Als sie damit ganz fertig war, stieß der Mann ein lautes Geschrei aus und zugleich wurde er wieder der Dreiauge, ganz so, wie sie ihn unter den Gräbern gesehen. »O du Bestie!«, rief er aus, »ich habe die Gestalt aller deiner Verwandten angenommen und du hast dich nicht täuschen lassen, deiner Großmutter allein aber wolltest du das Geheimnis mitteilen, dass ich der Dreiauge bin? Hättest du es bewahrt, so hätte ich dich nicht aufgefressen, so aber kommst du nicht lebendig aus meinen Händen.« Als sie nun sah, dass sie kein Erbarmen zu erwarten hatte, so verließ sie das Bett und machte sich zur Flucht bereit. Inzwischen ging Dreiauge hin und zündete ein großes Feuer an, dessen Flamme bis zum Himmel emporzüngelte, dann nahm er einen Bratspieß und machte ihn glühend, ging darauf zu seiner Frau und sprach zu ihr: »Sei so gut und komm, denn der Bratspieß erwartet dich. Was soll ich tun, da ich doch einmal geschworen habe, dich auf diese Weise zu töten und zu verzehren? Sonst hätte ich dich verschlungen.«

»Vergib, Herr«, antwortete sie, »ich gehöre dir ja doch zu jeder Zeit, darum flehe ich dich an, lass mich noch zwei Stunden am Leben, bis ich gebetet und Buße getan habe, dann verzehre mich.« Hierauf ging sie hin, nahm die Schlüssel zu jenem Zimmer und nachdem sie es geöffnet, sprang sie durch das Fenster auf die Heerstraße. Dort lief sie immerfort, um jemand zu finden, der sie rette, und so traf sie einen Kärrner, den sie um Gottes und ihrer selbst willen beschwor, sich doch ihrer zu erbarmen und sie aus den Händen eines Dreiäugigen, der sie verfolgen und fressen wolle, zu erretten oder doch wenigstens ihr zu sagen, wie sie sonst Rettung finden könne, übrigens trage sie viel Geld bei sich und das wolle sie ihm alles geben. »Wohin soll ich dich tun, um dich zu retten, liebe Frau?«, antwortete der Kärrner, »der Dreiäugige würde mich und mein Pferd sicherlich auffressen, aber laufe weiter, so wirst du einen Kameltreiber des Königs treffen, der kann dich retten.« Da lief sie denn aus Leibeskräften weiter, bis sie den Kameltreiber einholte, welchen sie dann ebenso um Rettung vor dem Dreiäugigen anflehte. Wirklich auch erbarmte er sich ihrer, nahm einen Ballen Baumwolle von dem Kamel herab und versteckte sie darin.

Inzwischen hatte der Dreiäugige den Bratspieß gehörig glühend gemacht und rief dann: »Heda, wo bist du? Komm her, es ist Zeit!« Da aber die junge Frau nicht kam, so suchte er sie überall, fand sie jedoch nirgends. Endlich sah er das offene Fenster, sprang hinaus, wie er stand und ging, nachdem er sich rechts und links umgesehen, lief er die Heerstraße entlang. Als er den Kärrner erblickte, rief er ihm zu: »Heda, Kärrner! Warte ein bisschen, ich will dich und dein Pferd auffressen.« Alle, die ihn auf der Landstraße sahen, starben entweder vor Schreck oder fielen in Ohnmacht, der arme Kärrner aber hielt an, da er den Zuruf des Dreiäugigen hörte. Dieser sagte dann zu ihm: »Hast du nicht eine junge Frau vorbeilaufen sehen? Sprich!«

»So wahr Gott lebt, ich habe nichts gesehen, Herr!« antwortete jener, »aber laufe weiter, so wirst du einen Kameltreiber antreffen, der hat sie vielleicht gesehen.« Der Dreiäugige lief weiter und rief den Kameltreiber an, sobald er ihn gewahr wurde, worauf dieser stehen blieb und der Dreiäugige dann die nämliche Frage an ihn richtete. »Ich weiß nichts, ich habe nichts gesehen«, antwortete der Treiber. Da kehrte der Dreiäugige wieder um und sagte: »Ich will doch noch einmal zu

Hause suchen, vielleicht finde ich sie.« Als er dort angelangt war und sie wieder nicht fand, überlegte er bei sich und sprach: »Ich will den glühenden Bratspieß mitnehmen und bei dem Kameltreiber noch einmal suchen.« Er nahm daher den Bratspieß auf die Schulter, sprang wieder zum Fenster hinaus und rief dem Kameltreiber zu, nachdem er ihn von neuem eingeholt: »Heda, Kameltreiber! Warte ein bisschen, ich will noch einmal nachsehen.« Der Kameltreiber und die junge Frau waren vor Angst dem Tode nahe, auch jeder andere, der den Dreiäugigen mit dem Bratspieß sah, machte vor Furcht die Augen zu, denn man konnte den Anblick desselben nicht ertragen. »Rasch!«, sagte er zu dem Treiber, »lade unverzüglich alle Ballen von dem Kamele ab«, und der arme Treiber musste gehorchen, denn konnte er anders? Da stieß der Dreiäugige den glühenden Bratspieß in einen Ballen nach dem andern, wobei er natürlich auch zu dem kam, in welchem seine Frau versteckt war. »Jetzt ist's gut«, sprach er endlich, als er durch war, »du kannst nun weiterziehen!« Sobald er sich entfernt hatte, fragte der Kameltreiber die junge Frau, wie es ihr ergangen wäre und ob der Dreiäugige sie mit seinem Bratspieß getroffen hätte. »Freilich wohl«, antwortete sie, »er hat mich am Fuß getroffen, doch habe ich den Bratspieß mit Baumwolle abgewischt, so dass keine Blutspuren daran sichtbar waren.«

»Lass es gut sein!«, sagte der Treiber, »der König ist ein freundlicher Mann, und wenn ich dich zu ihm bringe, so wird er dich heilen lassen.« Der Kameltreiber kam in dem königlichen Schloss an und packte seine Ballen im Hofe ab, den aber, worin die junge Frau verborgen war, brachte er in die Stube, wo er schlief, obwohl in demselben Hofe. Als die Mägde dies sahen, so meinten sie, er wolle ihn stehlen und setzten den König davon in Kenntnis, der den Treiber alsbald vor sich kommen ließ und ihn fragte, warum er jenen Ballen Baumwolle versteckt hätte. »Gott erhalte dich lange Jahre!«, antwortete der Treiber, »ich wollte den Ballen nicht stehlen, sondern die Sache hat ihren eigenen Grund, den ich dir mitzuteilen beabsichtige. An dem Tage nämlich, wo ich die Baumwolle hierherholte, verfolgte ein Dreiäugiger eine junge Frau, die er auffressen wollte, und aus Mitleid versteckte ich sie in dem Ballen, jetzt befindet sie sich also hier in deinem Schloss«, und stehenden Fußes brachte er den Ballen in die Gegenwart des Königs, trennte ihn auf und ließ die junge Frau hervorkommen. Als diese den König erblickte, verbeugte sie sich vor ihm und flehte ihn an, es doch nicht bekannt werden zu lassen, dass die von dem Dreiäugigen verfolgte Frau in seinem Schloss eine Zufluchtsstätte gefunden. »Was fürchtest du, meine Liebe«, sprach der König, »was kann er dir in meinem Palaste Böses zufügen?« Hierauf ließ er seinen Arzt holen, der ihr den Fuß verband. Sobald sie wiederhergestellt war, bat sie, man möchte ihr eine Verrichtung zuweisen, damit sie nicht müßiggehe, und sagte auf die Frage, was sie verstünde, dass sie sticken könne, zugleich verlangte sie ein Stück weißen Samt, Seide, Perlen und Goldfäden, worauf sie alsbald den König auf seinem Throne und mit der Krone auf dem Haupte zu sticken begann. Da sie mit der Arbeit fertig war und sie dem König überreichte, geriet er außer sich vor Erstaunen über die Kunst derselben und sagte deshalb eines Tages zu der Königin: »Eine bessere Schwiegertochter als jene junge Frau könnten wir nicht finden, was macht es aus, dass sie nicht von königlichem Geblüte ist! – Ist sie sonst geschickt und verständig, so sagt sie mir zu, was denkst du davon?«

»Tu wie du willst, Herr«, antwortete die Königin, »ich bin damit einverstanden.« Alsbald ließen sie die junge Frau holen und sagten ihr, was sie vorhätten. Da fing sie an zu weinen und sprach: »Wie könnt ihr daran denken, dies zu tun? Mein Glück wäre zwar groß, wenn jedoch der Dreiäugige das hört, dann frisst er mich und euren Sohn auf. Wollt ihr aber gleichwohl eure Absicht ausführen, so lasset einen sieben Treppen hohen Oberstock bauen, am Fuße der untersten Treppe eine

Grube machen und diese dann mit einer Matte zudecken, auch alle Treppen mit Talg einschmieren, endlich wäre es auch gut, wenn die Hochzeit ganz heimlich in der Nacht gehalten würde, so dass niemand außerhalb etwas davon vernähme.« Jedoch es kam anders, das Gerücht von der Hochzeit verbreitete sich von Mund zu Mund und auch dem Dreiäugigen kam es zu Ohren, dass der Sohn des Königs sich mit seiner Frau verheirate. Sobald er dies hörte, ließ er eine Anzahl Räuber in Säcke kriechen und zog mit diesen als Kaufmann verkleidet nach dem Schloss des Königs, wo er des Nachts gerade zu der Stunde ankam, als man sich zum Hochzeitsmahle niedersetzte. Da die Braut ihn unter den Tischgästen erblickte, erkannte sie ihn sogleich und gab der Schwiegermutter einen Wink, dass man ihn befragen solle, was für Ware er mitgebracht habe. Er antwortete, er habe Pistazien aus Aleppo, getrocknete Aprikosen und Kastanien. Kaum hörte dies die Braut, so bestand sie darauf, einige von diesen Früchten zu kosten, weil sie ein unbesiegbares Verlangen danach trüge. Er aber sprach zu den Leuten: »Ich bitte um Nachsicht für jetzt, habt Geduld bis morgen früh und dann sehr gerne.« Als der Lustigmacher des Königs, der auch bei Tische saß, dies hörte, stieg er ohne Verzug hinab und wollte einige von diesen Früchten aus den Säcken holen, um die Braut zufriedenzustellen. Indem er sich nun einem derselben näherte, sprach der darin verborgene Räuber: »Ist es Zeit, Herr?« Ebenso ging es bei allen übrigen Säcken, weshalb er ohne Verzug in den Hochzeitssaal zurückkehrte und dort berichtete, dass in allen Säcken Menschen verborgen wären. Kaum hatte die Braut dies vernommen, so befahl sie, dass man den Kaufmann zwingen solle, trotz der Nacht hinunterzugehen und die Säcke zu öffnen, dieser aber, da er sah, dass seine List entdeckt sei, machte sich davon und war nirgends mehr zu finden. Man ging also hinunter und zwar in Begleitung des Henkers, als man zu dem ersten Sacke kam, sagte eine Stimme von innen: »Ist es Zeit?«

»Jawohl!«, antwortete man und sobald der Räuber herauskam, ward ihm der Kopf abgeschlagen und ebenso geschah es mit allen übrigen. Hierauf sagte der König zu der Braut: »Habe nun keine Furcht mehr, liebe Schwiegertochter, es ist geschehen, wie du wünschtest und alle Gefahr ist vorüber.« Inzwischen war die Schlafzeit herangekommen und die Hochzeitsgäste gingen zu Bett sowie auch alle anderen Bewohner des königlichen Palastes. Kaum aber war jedermann zur Ruhe, so nahm Dreiauge seine wahre Gestalt an und ging hinauf in das Zimmer der Braut, um sie herabzuholen und zu verzehren, wobei er etwas Erde von einem Grabe auf den Bräutigam streute, damit er nicht aufwache. Als die junge Frau ihn an ihrem Bette sah, stieß und kniff sie ihren Lagergenossen, damit er aufwache, aber umsonst. Schließlich packte sie der Dreiäugige und sprach zu ihr: »Steh auf, liebe Frau, der Bratspieß erwartet dich. Was soll ich machen, da ich einmal geschworen habe, dich gebraten zu verzehren? Sonst würde ich dich hier gleich auf der Stelle verschlingen.« Hierauf nahm er sie bei der Hand und fing an, mit ihr die Treppen hinabzugehen. Als sie die ersten drei hinter sich hatten, sprach sie zu ihm: »Ich bitte dich, gehe voran, denn ich habe Furcht.« Er gab ihr nach, damit sie kein Geräusch mache und die andern nicht aufwecke, sonst hätte er sie gepackt. Als sie sich aber auf der untersten Treppe befanden, hielt sich die junge Frau mit der Hand so fest sie konnte an dem Geländer an und gab dem Dreiäugigen einen solchen Stoß, dass er infolge des Talgs ausglitt und in die Grube fiel, wo sich ein Löwe und ein Tiger befanden, die ihn zerrissen. Die Furcht aber, welche die junge Frau in dem Augenblick empfand, wo sie dem Dreiäugigen den Stoß gab, – denn sie sprach zu sich selbst: »Wenn er nicht in die Grube gefallen ist, so wird er gleich wieder heraufkommen und mich fressen!« – hatte so auf sie gewirkt, dass sie der Länge nach ohnmächtig auf die Treppe niederfiel. Als es nun Tag wurde und der König nebst der Königin aufgestanden war, so warteten sie, bis das junge Ehepaar gleichfalls aufstünde, allein dies geschah nicht. Da sprach die Königin: »Ich will doch einmal nachsehen, was sie machen«, und fand ihren Sohn dem Anschein nach tot, die junge Frau aber ohnmächtig auf der Treppe. Der auf der Stelle herbeigerufene Arzt brachte jedoch beide rasch wieder zur Besinnung, worauf die Königin sie fragte, wie sie denn in einen solchen Zustand geraten wären, und die junge Frau berichtete ihr alles, was sich bei Nacht zugetragen hatte. Alsdann gingen sie nach der Grube, um zu sehen, was aus dem Dreiäugigen geworden war, und sie kamen gerade hin, als die wilden Tiere ihn eben ganz aufgefressen hatten.

Nun erst wurde eine fröhliche Hochzeit gehalten, welche unter großem Jubel vierzig Tage und ebenso viele Nächte dauerte und wo wir die Gäste gelassen haben, als wir hierherkamen.

Märchen aus Zypern

Von dem Prinzen
und der Elfenjungfrau

Es war einmal ein König, der konnte keine Kinder bekommen, und härmte und grämte sich darüber Tag und Nacht, in seinem Kummer befahl er, dass in allen Städten und Dörfern die Häuser schwarz angestrichen werden sollten.

Nach langer Zeit wurde ihm endlich ein Söhnchen geboren und aus Freude darüber befahl er, dass alle Häuser in seinem ganzen Reiche weiß angestrichen werden sollten.

Darauf erkundigte er sich nach dem weisesten und gelehrtesten Manne auf der Welt und als er ihn erfahren hatte, ließ er ihn kommen und sprach zu ihm: »Ich freue mich nicht so sehr, dass ich einen Sohn bekommen habe, als dass er zu deiner Zeit geboren worden ist, du sollst ihn erziehen und ihn nicht eher aus deiner Hut entlassen, bis er alles gelernt hat, was du weißt.«

Um aber das Kind vor allem Schaden zu bewahren, ließ er in gläsernes Schloss bauen und setzte es mit seinem Lehrer hinein. Eines Tages brachte man Fleisch auf die Tafel, an dem noch ein Knochen war, über diesen verwunderte sich der Knabe, denn er hatte wohl von Knochen gehört, aber noch keinen gesehen. Er verlangte ihn also, um damit zu spielen, und als er ihn erhalten hatte, warf er ihn so lange hin und her, bis er so stark an eine der Wände fuhr, dass er sie durchschlug. Da steckte der Knabe den Kopf durch die Öffnung und erblickte zum ersten Male Himmel, Berge, Flüsse, Felder und vieles andere und das gefiel ihm so sehr, dass er seinen Lehrer bat, ihn hinauszuführen.

Der aber sagte ihm: »Ich darf das nicht, darum musst du deinen Vater bitten.« Als nun dieser zum Knaben kam, da bat und flehte der so lange, bis ihn der Vater aus dem gläsernen

Schloss und in die Welt brachte. Darüber war Freude im ganzen Reich, es wurden zur Feier große Feste und Jagden angestellt. Der Knabe aber fand so großes Vergnügen an der Jagd, dass er oft allein, ohne Diener und Hund, auszog und jagte. Eines Tages stellte der König eine große Jagd an, an der auch der Prinz und sein Lehrer teilnahmen. Da erblickten beide einen stattlichen Hirsch, den sie verfolgten. Dadurch kamen sie von der Gesellschaft ab, nach einer Weile verlor der Lehrer auch den Prinzen aus den Augen und alles Suchen nach ihm war vergebens. Da glaubte man endlich, dass ihn ein Raubtier gefressen habe, und der König verfiel darüber in so tiefe Trauer, dass er wieder alle Häuser schwarz anstreichen ließ.

Der Prinz wurde von dem Hirsch in eine Einöde gelockt, aus welcher er nicht mehr herauszufinden vermochte, und als sein Pferd vor Müdigkeit nicht mehr weiterkonnte, band er es an einen Baum. Um seinen Hunger zu stillen, stach er mit seinem Messer Wurzeln aus der Erde und verzehrte sie.

So lebte er längere Zeit, bis eines Tages ein Händler ihn sah und ihn fragte, was er in dieser Wildnis suche. Darauf erzählte ihm der Prinz, wie es ihm ergangen sei, und der Händler sprach: »Sei gutes Mutes, mein Sohn, ich will dir den Weg zu deinem Vater schon zeigen.« Sie machten sich nun auf und trafen unterwegs einen Büffel, den erlegte der Händler und zog ihm die Haut ab und nahm sie mit. Darauf kamen sie an einen sehr hohen und steilen Berg, da sagte der Händler zu dem Prinzen: »Wenn du willst, dass ich dich zu deinem Vater bringe, so musst du mir vorher einen Dienst erweisen. Steige auf diesen Berg und bringe mir das Gold herunter, das dort liegt.«

»Das wollte ich recht gerne tun«, antwortete der Prinz, »wenn ich nur erst oben wäre, denn wie soll ich hinaufkommen?« Da sprach der Händler: »Das ist viel leichter, als du dir denkst, mein Sohn, du brauchst dich nur von mir in dieses Büffelfell einnähen zu lassen, denn jetzt ist gerade die Zeit, wo die Adler herunterkommen und Futter suchen. Wenn sie dich in dem Fell erblicken, werden sie dich für einen Büffel halten und auf den Berg tragen. Wenn sie mit dir oben sind und dich auf die Erde legen, dann nimm dein Messer, schneide das Fell auf und streife es ab.«

Dem Prinzen gefiel dieser Vorschlag. Er ließ sich also in das Fell einnähen, und es dauerte nicht lange, so kamen die Adler, packten ihn und flogen mit ihm auf den Berg. Da zerschnitt der Prinz das Fell und warf nun dem Händler das Gold hinunter, das dort lag. Der sammelte davon, soviel er konnte, setzte sich dann auf das Pferd des Prinzen und ritt fort. Da rief der Prinz: »Wo willst du hin und wie soll ich von dem Berge herunterkommen?« Der Händler aber rief zurück: »Bleibe, wo du bist, es ist ja schön dort auf dem Berg«, und jagte davon.

Der Prinz suchte nun nach einem Weg oder Fußsteig, um von dem Berg herunterzukommen, doch alle Mühe war vergebens. Überall war der Abhang so steil, als ob er mit dem Messer abgeschnitten wäre. Oben aber war eine endlose Fläche, auf der allerhand Wurzeln wuchsen, von diesen ernährte der Prinz sich und wurde so stark, dass er, wenn er drei Tage hintereinander davon aß, ein Haus mit seinen Händen hätte niederreißen können.

Als er eines Tages eine Wurzel ausgrub, fand er einen eisernen Ring, der in eine Steinplatte eingelassen war. Als er diese aufhob, erblickte er eine endlose Stiege, die in den Berg hinabführte. Er besann sich nicht lange und stieg hinunter. Aber er brauchte einen ganzen Tag, bis er unten ankam. Endlich erblickte er Himmel und Erde und als er die Treppe vollends hinuntergestiegen war, da sah er einen großen Palast, auf den eilte er zu, um zu sehen, ob er etwas zu essen fände, denn er war sehr hungrig geworden. Als er in den Palast eintrat, sah er einen Greis, der mit schweren Eisenketten an die Mauer gefesselt war, und sein Bart reichte ihm bis zu den Knien herab. Der bat ihn, dass er ihn lösen möchte. Der Prinz aber verlangte etwas zu essen. Da sprach der Greis: »Löse mich vorher, dann will ich dir zu essen geben.« Der Jüngling aber rief: »Dazu bin ich jetzt nicht stark genug, denn ich sterbe vor Hunger!« Da sagte der Greis: »Greife in meine Tasche und hole die vierzig Schlüssel heraus, die die vierzig Stuben des Schlosses aufschließen, öffne mit diesem Schlüssel die und die Stube. In ihrem Schrank wirst du eine Rute finden und wenn du mit dieser auf den Boden klopfst, so werden daraus alle Speisen kommen, die du wünschst.«

Der Prinz tat, wie ihm geheißen, nachdem er sich satt gegessen hatte und wieder zu Kräften gekommen war, da löste er den Greis von seinen Fesseln und reinigte ihn, denn er war lange Zeit angeschmiedet gewesen und von nun an blieb der Prinz bei ihm in dem Schloss.

Aber es dauerte nicht lange, so begann sich der Prinz zu langweilen und als das der Greis merkte, gab er ihm neununddreißig Schlüssel zu neununddreißig Stuben des Schlosses und lud ihn ein, sie anzusehen und sich an den Schätzen zu ergötzen, die darin zu finden wären. Da schloss der Prinz der Reihe nach alle neununddreißig Stuben auf und er vergnügte sich beim Anblick der Schätze. Nachdem er aber damit fertig war, wurde er wieder traurig und als ihn der Greis nach dem Grund seiner Traurigkeit befragte, sprach er: »Du hast mir die neununddreißig Schlüssel zu den neununddreißig Stuben gegeben, jedoch einen hast du zurückbehalten. Ich möchte aber wissen, was in der vierzigsten Stube ist.« Da rief der Greis: »Verlange das nicht, mein Sohn, das wäre dein Verderben, denn darin ist ein See, zu diesem kommen täglich drei Elfinnen und baden sich darin. Sie sind sehr schön von Gestalt, aber auch ebenso grimmig von Gemüt, denn sie zerreißen jeden, den sie erblicken. Ihre ganze Kraft steckt aber in den Kleidern und wenn man ihnen die wegnimmt, so sind sie machtlos. Es haben dies schon viele junge Männer versucht, doch sie sind alle darüber zugrunde gegangen. Schlage dir diesen Gedanken aus dem Kopfe, denn er wäre dein Unglück.« Aber der Prinz ließ sich nicht beirren und er bedrängte den Greis so lange, bis er ihm endlich den Schlüssel gab und sprach: »Wenn du dich denn nicht abhalten lassen willst, so befolge wenigstens genau, was ich dir sage. Von den drei Schwestern baden zuerst die beiden ältesten, die jüngste bleibt im Grase sitzen und spielt auf der Laute, das ist aber die schönste von den dreien. Wenn nun die anderen gebadet haben, so zieht sie sich aus und geht in das Wasser, dann musst du ihr die Kleider wegnehmen und ihr winken, dir zu folgen. Du darfst dich aber durch kein Bitten und Flehen erweichen lassen und ihr die Kleider geben oder ihr auch nur erlauben, sie mit einem Finger zu berühren, denn sonst bist du verloren.«

Darauf nahm der Prinz den Schlüssel, öffnete die vierzigste Stube, fand darin den See und versteckte sich hinter einem Busche. Da kamen zuerst die beiden Ältesten und badeten sich, während die Jüngste auf dem Grase saß und die Laute spielte. Als nun jene gebadet hatten und fortgingen, entkleidete sich die Jüngste, stieg in den See und trieb darin allerhand Kurzweil. Da fasste sich der Prinz ein Herz, stürzte aus seinem Versteck hervor, packte ihre Kleider fest unter den Arm und winkte ihr, ihm zu folgen. Nun legte sich das Mädchen auf das Bitten und sie bat, er solle sie wenigstens den Saum ihres Kleides befühlen lassen, weil sie nun doch sein eigen sei, er ließ sich endlich erweichen und erlaubte ihr, den Saum ihres Kleides zu berühren, aber kaum hatte sie ihn gepackt, so zog sie mit solcher Kraft an dem Kleide, dass sie es ihm fast entrissen hätte. Doch er besann sich nicht lange und gab ihr einen Stoß, dass sie zurücktaumelte.

Darauf ging der Prinz zurück zu dem Greis und das Mädchen folgte ihm. Dort aber sprach er: »Nun will ich zu meinen Eltern zurück, kannst du mir kein Pferd geben?«

»Gehe nur in den Stall und rufe: ›Goldfuchs! Goldfuchs! Flügelpferd! Komm und bringe mich zu meinem Vater und meiner Mutter.‹ Gib aber acht auf die Kleider des Mädchens, denn wenn sie sie in die Hände bekommt, so bist du verloren. Das Goldstäbchen hier aber schenke ich dir zum Andenken.« Der Prinz tat, wie ihm der Greis gesagt hatte, stieg auf das Flügelpferd, nahm das Mädchen hinter sich und ritt davon. Unterwegs hielten sie an und setzten sich unter einen Baum zu rasten. Als sie dort saßen, kam der Bruder des Mädchens in der Gestalt eines Derwischs zu ihnen, der trug einen Schäferstab in der Hand und sprach: »Mich hungert sehr, habt ihr etwas zu essen?« Der Prinz erwiderte: »Wenn du mir sagst, warum du diesen Schäferstab bei dir führst, so sollst du zu essen haben.« Da antwortete der Derwisch: »Wenn ich zu dem Stabe sage: ›Wurr, mein Stöckchen, schlage ihn auf den Kopf‹, so fährt der Stab aus meiner Hand dem an den Kopf, den ich meine und schlägt ihn tot.«

»Lass mich ihn ein wenig ansehen«, sagte der Prinz und als er ihn in der Hand hatte, rief er: »Wurr, mein Stöckchen, schlage den Derwisch an den Kopf!« Da fuhr ihm der Stab aus der Hand und an den Kopf des Derwischs und schlug ihn tot. Der Prinz aber nahm den Schäferstab, sein Goldstäbchen und das Mädchen, das über den Tod ihres Bruders sehr traurig war, und zog weiter.

Zur Mittagszeit hielten sie wieder still und da kam der zweite Bruder des Mädchens in der Gestalt eines Händlers zu ihnen, der bald sichtbar und bald unsichtbar war. Da fragte das Mädchen den Prinzen: »Was ist das, was bald erscheint und bald verschwindet?« Der aber sah nichts, denn der Händler erschien nur, sooft der Prinz die Augen senkte, und verschwand, sobald er sie aufschlug. Endlich aber zeigte er sich auch ihm, kam heran und sagte: »Mich hungert, habt ihr etwas zu essen?« Da fragte ihn der Prinz: »Sage mir erst, wie es zuging, dass du bald sichtbar, bald unsichtbar bist, dann sollst du zu essen haben.« Der Händler erwiderte: »Siehst du diese Mütze? Wenn ich sie aufsetze, werde ich unsichtbar und wenn ich sie abnehme, werde ich wieder sichtbar.«

»Lass sie mich einmal ansehen«, sprach der Prinz und als er sie in der Hand hatte, rief er:»Wurr! Mein Stöckchen, dem Händler an den Kopf!« Da fuhr der Schäferstab dem Händler an den Kopf und schlug ihn tot. Als die Elfin das sah, sprach sie bei sich:»Nun muss ich sehen, wie ich mir selber helfe, denn da meine beiden Brüder tot sind, hilft mir niemand mehr.«

Der Prinz aber nahm das Goldstäbchen, die Mütze, den Schäferstab und das Mädchen und ritt damit in das Reich seines Vaters. Als er in das erste Dorf kam, da sah er, dass alle Häuser schwarz angestrichen waren, er ließ daher den Schultheiß kommen und fragte ihn nach der Ursache. Da begann dieser, er erzählte ihm von dem alten Könige und seinem Sohne, wie der auf der Jagd umgekommen sei und dass der König aus Kummer alle Häuser habe schwarz anstreichen lassen. Als er fertig war, sagte ihm der Prinz:»Ich bin der Sohn des Königs, gehe hin zu meinem Vater und sage ihm, dass ich wiederkomme. Geh, verdiene dir den Botenlohn.«

Der Mann wollte es anfangs nicht glauben, weil der Königssohn schon lange verloren sei. Aber endlich entschloss er sich doch, lief zum König und sagte ihm diese Botschaft. Dieser schickte sogleich seine Hofherren und seine Spielleute hinaus, ließ ihn mit den größten Ehren einholen und empfing ihn unter Kanonendonner und Volksjubel. Darauf befahl er seinen Untertanen, alle Häuser wieder weiß anzustreichen, und stellte große Festlichkeiten an, bei welchen alle Welt die Elfin bewunderte, weil sie so schön war und so schön tanzte.

Während sie nun so tanzte und alle Welt auf sie acht hatte, nahm der Prinz ihre Kleider und gab sie seiner Tante zur Verwahrung. Er bat sie, sie sorgfältig zu verschließen und niemandem zu geben, nur ihm allein. Die Elfin aber hatte es doch gemerkt und als der Prinz sich nun mittags niederlegte, um ein wenig zu ruhen, da kam sie zur Tante und bat sie, ihr die Kleider zu geben, damit sie sie ein bisschen anziehen und darin tanzen könne. Die Tante weigerte sich anfangs, aber die Elfin bat sie so innig und schmeichelte ihr so lange, bis sie nicht mehr widerstehen konnte und ihr die Kleider gab. Die Elfin zog sie an, kehrte zum Tanzplatze zurück und tanzte nun noch viel schöner als zuvor. Als der Prinz aufwachte, verlangte er von seiner Tante die Kleider des Mädchens, diese gestand ihm, dass sie das Mädchen so lange gequält habe, bis sie sie ihr gegeben. Da lief der Prinz zum Tanzplatz. Wie ihn aber die Elfin sah, sprang sie auf das Fenster und rief:»Lebe wohl! Wenn du Lust hast, mich wiederzusehen, so komme in die gläserne Stadt!« Und sie flog davon.

Da weinte und tobte der Prinz, aber was half es? Das Mädchen kam nicht wieder, so beschloss er denn, sie zu suchen. Sein Vater und seine Freunde bemühten sich vergebens, ihn davon abzuhalten, er blieb bei seinem Vorsatz. Er nahm sein Goldstäbchen, seinen Schäferstab, seine Mütze und stieg auf sein Flügelpferd. Dann ritt er wieder zu dem Greise, erzählte ihm, wie es ihm ergangen sei und bat um Rat. Der aber sprach: »Ich kann dir nicht helfen, denn ich weiß nicht, wo die gläserne Stadt liegt. Aber nimm diesen Brief und gehe damit zu meinem Vater, vielleicht weiß der Bescheid.«

Als er zu dem Vater des Greises kam und ihm sein Leid klagte, antwortete dieser:»Ich kann dir auch nicht helfen, denn ich weiß ebenso wenig wie mein Sohn, wo die gläserne Stadt liegt, nimm aber diesen Brief und gehe damit zu meiner Mutter, vielleicht weiß die es.«

Als er zu der Alten kam und ihr sein Leid geklagt hatte, sprach diese:»Ich weiß auch nicht, wo die gläserne Stadt ist, aber ich will die Vögel zusammenrufen und sie fragen.«

Darauf rief sie alle Vögel zusammen und fragte sie, ob einer von ihnen wisse, wo die gläserne Stadt sei, aber keiner wusste es. Darüber wurde der Prinz so traurig, dass es die Alte erbarmte und sie ihren Knecht fragte:»Hast du auch alle Vögel zusammengerufen, ohne einen auszulassen?«

»Ja«, antwortete dieser,»ich habe sie alle gerufen, nur einen Schnapphahn habe ich ausgelassen, weil er so schlecht zu Fuß ist.« Da rief die Alte:»Laufe sogleich los und hole mir auch den herbei!« Als ihn der Knecht gebracht hatte, fragte ihn die Alte:»Weißt du, wo die gläserne Stadt ist?« Der Schnapphahn antwortete:»O ja! Aber es ist weit dahin!« Darauf sagte die Alte zu dem Prinzen:»Da, nimm diesen Sack mit Vorrat für dich und den Schnapphahn. Nun setze dich auf den Hahn und reite hin.«

Der Prinz nahm den Vorratssack, setzte sich auf den Schnapphahn und fort ging's. Er musste aber lange reiten, ehe er zur gläsernen Stadt kam und bevor er sie erreichte, ging der Mundvorrat aus. Da rief der Schnapphahn:»Ich bin hungrig, ich will zu fressen haben!« Da schnitt der Prinz seinen eigenen Fuß ab und gab ihn dem Schnapphahn zu fressen.

Als sie endlich ankamen, kehrten sie bei einem alten Mann ein, der war zu den heiligen Stätten gewandert, seither wurde er Chadschi genannt. Er war, nach der Weise der Alten sehr gesprächig und erzählte dem Prinzen, dass der König der Stadt mit einem anderen Könige Krieg habe. Als der Prinz das hörte, sprach er zu dem Chadschi:»Gehe hin und sage dem König, dass ich imstande bin, allein seine Feinde zu besiegen.« Der Chadschi aber hielt dies für Prahlerei und begann daher, den Prinzen zu schmähen und zu schimpfen, weil er glaubte, er wolle ihn zum Besten haben. Aber der Prinz lag ihm so lange in den Ohren, bis er sich entschloss, zum König zu gehen und den Auftrag auszurichten.

Der König ließ den Prinzen zu sich kommen, um ihn selber zu fragen und als dieser vor dem König erschien, sagte er ihm:»Ich verpflichte mich, dir deinen Feind gebunden hierherzubringen und wenn ich das nicht kann, so sollst du mir das Haupt abschlagen. Wenn ich ihn aber bringe, so sollst du mir deine jüngste Tochter zur Frau geben.« Der König war damit zufrieden, der Prinz suchte die besten Soldaten des Königs aus und zog mit ihnen wider den Feind. Als sie ihn erblickten, ging ihnen der Prinz allein entgegen und sagte zu seinem Schäferstabe: »Wurr, Stäbchen, den Feinden auf den Kopf!« Da fuhr der Stock auf das feindliche Heer los und erschlug alle, die ihm in den Weg kamen, darüber erschraken die Feinde so, dass alles in Verwirrung kam und das ganze Heer davonlief. Der Prinz aber hatte seine Mütze aufgesetzt, so war er dem Stocke unsichtbar gefolgt und suchte ihn so lange, bis er den feindlichen König gefunden hatte. Da packte und band er ihn und führte ihn in die gläserne Stadt zum König. Darüber freute sich dieser so sehr, dass er gleich seine jüngste Tochter holen ließ und ihr den Prinzen als ihren Gemahl vorstellte. Der Prinz aber hatte sich so verkleidet, dass ihn das Mädchen nicht erkennen konnte, als sie hörte, dass sie diesen Mann heiraten sollte, da erschrak sie und widersetzte sich, worüber der König sehr zornig wurde. Der Prinz aber sagte zum König, er möchte ihm nun erlauben, seiner Tochter zwei Worte im Geheimen zu sagen, dann werde sie gewiss einwilligen. Da ließ sie der König in ein besonderes Zimmer führen und dort gab sich der Prinz der Jungfrau zuerkennen. Die aber freute sich sehr über das unverhoffte Wiedersehen und erklärte nun ihrem Vater, dass sie den Fremden zum Manne nehmen wolle. Da wurde eine große Hochzeit gefeiert und als diese vorüber war, nahm er von dem Könige Abschied und ging mit seiner Frau in seine Heimat zurück.

Märchen aus Griechenland

Das Schlangenkind

Es war einmal ein König, der bekam keine Kinder, er hatte aber einen Wesir, der drei Mädchen hatte, und die Frauen der beiden hatten einander sehr lieb. Da geschah es eines Tages, dass sie zusammen in einen Garten gingen, um daselbst den Tag zu verbringen und während sie dort miteinander aßen und tranken, sprach die Königin zur Wesirsfrau:»Du hast drei Mädchen und wenn ich nur einen Sohn hätte, würden wir nicht Schwägerschaft miteinander machen, da wir uns so lieb haben?« Und jene antwortete:»Ach ja, das wäre sehr schön, wenn du nur einen Sohn hättest, aber leider hat dir unser Herrgott keinen geschenkt.« Da rief die Königin:»Ach, ich wollte, dass mir Gott einen Sohn schenkte, und wenn es auch eine Schlange wäre.«

An demselben Abend schlief die Königin bei dem König und ihr Leib wurde gesegnet, als ihre Zeit kam, gebar sie eine Schlange, so wie sie es sich gewünscht hatte.

Diese wuchs schnell heran und sprach eines Tages zu ihrer Mutter:»Höre, Mutter, erinnerst du dich, was du mit der Wesirsfrau verabredet hast, als ihr zusammen in jenem Garten ward? Ich will eine von ihren Töchtern zur Frau, gehe also hin und wirb für mich um die älteste.«

Da machte sich die Mutter auf und ging zur Wesirsfrau und sprach:»Ich wünsche deine älteste Tochter zur Ehefrau für meinen Sohn.« Da erwiderte jene:»Was, ich sollte meiner Tochter eine Schlange zum Manne geben? Das wird nimmer geschehen, gehe deiner Wege und sprich nicht mehr davon.« Da kehrte die Königin ganz traurig zu ihrem Sohn zurück und sprach:»Sie will dich nicht.«

Darüber vergingen ein paar Jahre, dann aber sprach die Schlange wiederum zu ihrer Mutter:»Höre, Mutter, gehe noch einmal zur Wesirsfrau und sage ihr, dass sie mir ihre zweite Tochter zur Frau geben solle.« Da machte sich die Mutter wiederum auf, ging zu des Wesirs Frau und sprach: »Mein Sohn schickt mich und hält um deine zweite Tochter an.« Über diesen Antrag aber wurde jene sehr ungehalten und sprach: »Schere dich hinweg, geh deiner Wege und sprich mir nicht mehr davon, dass ich meinen Töchtern eine Schlange zum Manne geben solle.« Da kehrte die Königin betrübt nach Hause zurück und sagte zu ihrem Sohne: »Sie will dich nicht.«

Als nun wieder ein paar Jahre vorüber waren, da sprach die Schlange zu ihrer Mutter: »Höre, Mutter, gehe noch einmal zur Wesirsfrau und sage ihr, sie solle mir ihre dritte Tochter geben, wenn sie das nicht täte, so würde ich eines Nachts in ihr Haus kommen und sie alle umbringen.« Da machte sich die Mutter auf, ging zur Wesirsfrau und richtete ihr unter vielen Tränen den Auftrag ihres Sohnes aus. Als die Wesirsfrau das hörte, erschrak sie sehr und wusste nicht, was sie tun sollte, denn gibt sie das Mädchen nicht her, so kommt die Schlange und bringt sie alle ums Leben und gibt sie es her, so fürchtet sie, dasselbe in den Tod zu schicken. Sie riefen also das Mädchen herbei und fragten sie: »Höre, mein Kind, willst du die Schlange der Königin zum Manne nehmen?« Das Mädchen aber erwiderte: »Ich will es mir überlegen.«

Darauf ging das Mädchen zu einer klugen alten Frau, erzählte ihr den Hergang und fragte sie, was sie tun solle. Die Alte aber sprach: »Sage ja, mein Töchterchen, denn das ist gar keine Schlange, sondern ein Mann, der in der ganzen Welt seinesgleichen nicht hat. In der Brautnacht musst du aber vierzig Hemden anziehen, denn die Schlange hat vierzig Häute, wenn ihr dann zu Bette geht und sie zu dir sagt: ›Zieh dich aus‹, so musst du antworten: ›Ziehe dich auch aus‹. Da wird dein Mann eine Haut ausziehen und du musst es mit dem obersten Hemde ebenso machen, so musst du fortfahren, bis er die vierzigste Haut abgezogen hat, dann sollst du sehen, was für ein schöner Mann vor dir steht.« Als das Mädchen von der Alten zurückkam, sagte es zu seiner Mutter:»Liebe Mutter, ich will die Schlange zum Manne nehmen.« Und diese rief:»Ei, ei, mein Töchterchen! Fürchtest du dich denn nicht, bei einer Schlange zu schlafen?« Das Mädchen aber sprach:»Lass dich das nicht kümmern.« Als die Mutter sah, dass es ihrer Tochter ernst sei, schickte sie zur Königin und ließ ihr sagen, dass sie die Verlobungs- und Hochzeitsfeier zurichten lassen solle und an einem Sonntage machten sie sich auf, nahmen die Ringe und die Schlange mit, die zu einem großen Ringel gerollt in einem Korbe lag, hielten Verlobung und Hochzeit.

Als darauf die Brautleute zu Bette gingen, da sprach die Schlange zur Braut:»Entkleide dich.« Und diese erwiderte: »Entkleide dich auch.« Und so zogen sie nacheinander die vierzig Hemden und die vierzig Häute ab, als die Schlange ganz ausgezogen war, war sie ein junger Mann, von dessen Schönheit die ganze Stube glänzte. Darauf schliefen sie miteinander und der Leib der jungen Frau wurde gesegnet.

Am andern Morgen schlüpfte der Mann wieder in die vierzig Schlangenhäute und sprach zu der jungen Frau:»Hüte dich wohl, irgendjemand zu erzählen, dass ich ein Mann bin, bis du geboren hast, denn dann wird es bekannt werden, doch wenn du es früher tust, schlüpfe ich in ein Loch, gehe davon und du hast mich verloren.« Die junge Frau sprach:»Sei unbekümmert, ich verrate dich gewiss nicht.« Sie fand aber ihre Last mit ihrer Mutter, denn diese quälte sie ohne Unterlass, sie möge ihr doch sagen, wie sie mit der Schlange lebe und wie sie schwanger geworden sei. Die junge Frau antwortete stets nur, dass es ihr gut gehe und hielt sich acht Monate lang gegen alle Angriffe, da setzte ihr aber eines Tages die Mutter so lange zu, bis sie sich nicht mehr halten konnte und herausplatzte: »Ei, Mutter, ist denn das etwa eine Schlange oder ist es ein

Mann, wie es auf der Welt keinen andern gibt?« Kaum hatte sie dies gesagt, so bereute sie freilich ihre Schwatzhaftigkeit, aber es war zu spät, denn in derselben Nacht verschloss ihr die Schlange den Schoß und ging weg.

Die junge Frau wartete die ganze Nacht, eine Woche, einen Monat, aber ihr Mann kam nicht zurück. Da verfiel sie in große Betrübnis, sie klagte, weinte, jammerte und wusste nicht, was sie anfangen sollte. Endlich fasste sie den Entschluss, ihren Mann aufzusuchen. Sie zog also Nonnenkleider an und wanderte aufs Geratewohl in die Welt hinein. Nachdem sie eine Weile gewandert war, begegnete sie einer alten Frau, und die fragte sie: »Wo willst du hin, mein Kind?« Da sagte ihr die junge Frau: »So und so ist es mir ergangen, mein Mann hat mich verlassen und nun gehe ich, um ihn aufzusuchen.« Die Alte sprach darauf: »Steige da hinauf, auf jenen Berg, da oben ist eine Quelle mit faulem Wasser, in dem Würmer und Ungeziefer schwimmen, von diesem musst du trinken und dabei sagen: ›Ach, was ist das für gutes Wasser.‹ Und während du an dem Rande der Quelle stehst, sage dreimal: ›Erde, öffne dich und verschlinge mich, wie du auch meinen Mann verschlungen hast.‹ Dann wird sich die Erde öffnen, du musst hinuntersteigen, unten wirst du die Schwestern der Sonne finden und die werden dir sagen, wo dein Mann ist.«

Da stieg die junge Frau auf den Berg, den ihr die Alte gezeigt hatte und fand jene faule Quelle. Sie trank von dem Wasser und sagte dazu: »Ach, was für gutes Wasser ist das, wie Kristall!« Und dann rief sie dreimal: »Öffne dich, Erde und verschlinge mich, wie du auch meinen Mann verschlungen hast.« Da öffnete sich die Erde, sie stieg hinunter und kam zu der jüngeren Schwester der Sonne. Die stand an dem Ofen und wollte Brot backen, um ihn auszuwischen, brauchte sie ihre Brüste und ihre Hände dienten ihr statt der Ofenschaufel. Als die junge Frau das sah, hatte sie Mitleid mit ihr, sie suchte daher so lange, bis sie ein Wischtuch und eine Ofenschaufel fand und brachte sie der Schwester der Sonne. Darüber freute sich diese sehr und fragte die Frau: »Was soll ich dir für das Gute geben, das du mir erwiesen hast?«

»Ich verlange weiter nichts, als dass du mir sagen sollst, wie ich meinen Mann wiederfinden kann, denn er hat mich verlassen und so ist es mir mit ihm ergangen.« Darauf erwiderte die Schwester der Sonne: »Gehe ein Stückchen weiter hinauf, dort wirst du meine ältere Schwester antreffen und die wird dir sagen, wo dein Mann ist.«

Da stieg die Frau etwas weiter aufwärts und fand jene Schwester der Sonne, wie sie gleich ihrer Schwester den Backofen mit ihren Brüsten und ihrer Zunge reinigte. Da lief sie so lange herum, bis sie ein Wischtuch und eine Ofenschaufel fand und brachte es ihr. Darüber freute sich die Schwester der Sonne und sprach: »Sage mir, mein liebes Leben, was ich dir für die Wohltat geben soll, die du mir erwiesen hast?« Und die Frau antwortete: »Ich verlange weiter nichts, als dass du mir sagen sollst, wo mein Mann ist, denn der ist mir davongegangen und ich kann ihn nicht wiederfinden.«

Da gab ihr die Schwester der Sonne eine Nuss, eine Haselnuss und eine Mandel und sprach: »Da nimm das und gehe noch etwas höher hinauf, da wirst du an ein Haus kommen, dort wohnt dein Mann und ist mit einer andern verheiratet.« Die Frau ging darauf noch eine Strecke bergauf, bis sie an jenes Haus kam. Sie ging hinein, trat vor die Hausfrau und sprach: »Höre, liebe Frau, hast du nicht irgendein kleines Häuschen, in dem ich als Nonne leben könnte?« Da ließ ihr jene eine kleine Hütte geben, in deren Nähe ein Kupferschmied wohnte.

Am folgenden Morgen zerschlug die Nonne die Nuss, welche sie von der Schwester der Sonne bekommen hatte, daraus kam eine Gluckhenne mit goldenen Küchlein hervor, die hin und her liefen und »tsiu, tsiu« piepten. Als die Magd jener Frau diese Tierchen erblickte, lief sie schnell nach Hause und sprach zu ihrer Herrin: »Ach, Frau, was hat die fremde Nonne für eine schöne Gluckhenne mit goldenen Küchlein! Wie sind die lieb und niedlich! Die wollen wir kaufen, was tut jene Gottesbraut damit?« Als das die Frau hörte, wurde sie neugierig und sprach: »Gehe hin und frage sie, wie viel sie dafür haben will.«

Da ging die Magd zur Nonne und sprach: »Höre, meine Liebe, wie viel verlangst du für deine Gluckhenne?« Jene aber versetzte: »Für Geld ist sie mir nicht feil, aber ich gebe sie euch, wenn ihr mir eine Nacht den Herrn gebt!« Darauf kehrte die Magd zu ihrer Herrin zurück, erzählte ihr, was sie von der Nonne zur Antwort erhalten hatte und sprach: »Wir wollen ihr den Herrn auf eine Nacht geben, sie wird ihn ja nicht fressen, wir geben ihm vorher einen Schlaftrunk ein.« Die Frau wollte anfangs nichts davon wissen, aber die Magd redete ihr so lange zu, bis sie es zufrieden war.

Als sich der Herr am Abend zu Bette legte, gaben sie ihm einen Schlaftrunk ein, als er eingeschlafen war, trugen sie ihn in die Hütte der Nonne und erhielten von ihr die Gluckhenne mit den Küchlein.

Die ganze Nacht hindurch, die der Herr bei der Nonne war, rief diese nichts anderes als: »Gib mir den silbernen Schlüssel, damit ich das goldene Kind gebären kann.« Doch all ihr Rufen war vergeblich, der Herr wachte nicht auf, und bei Tagesanbruch schickte die Frau zur Nonne und ließ ihren Mann abholen.

Darauf zerschlug die Nonne die Haselnuss und daraus kam ein goldener Papagei hervor und als den die Magd sah, lief sie zur Herrin: »Ach, Frau, was die fremde Nonne für einen schönen Papagei hat! Der ist ganz von Gold. Den wollen wir kaufen, was braucht die einen Papagei?« Die Frau erwiderte: »Gehe hin und frage sie, was sie dafür haben will?« Da ging die Magd hin und fragte die Nonne und diese antwortete wie das erste Mal: »Ich will den Herrn für eine Nacht.« Da gaben sie dem Herrn am Abend wieder einen Schlaftrunk ein, trugen ihn zu der Nonne und erhielten dafür den Papagei. Die Nonne aber rief abermals die ganze Nacht hindurch: »Gib mir den silbernen Schlüssel, damit ich das goldene Kind gebären kann.« Doch all ihr Rufen war abermals vergebens, der Herr wachte nicht auf, bei Tagesanbruch schickte die Frau und ließ ihn wieder abholen. Der Kupferschmied, welcher in der Nähe der Nonne wohnte, hatte aber vor dem Geschrei, was diese die zwei Nächte durch vollführte, nicht schlafen können. Er ging also am andern Morgen zu dem Herrn und sprach: »Lieber Herr, verzeihe mir die Freiheit, ich habe dir aber etwas zu sagen. Die fremde Nonne lässt mich schon zwei Nächte nicht schlafen und macht mich taub mit ihrem ewigen Geschrei, denn sie ruft in einem fort: ›Gib mir den silbernen Schlüssel, damit ich das goldene Kind gebären kann!‹ Was mag das wohl zu bedeuten haben?« Der Herr aber antwortete: »Wer kann wissen, was für ein Leid die Ärmste haben mag.« Doch die Worte des Kupferschmiedes gingen ihm im Kopf herum, und er begann zu ahnen, wer die Nonne sei.

An diesem Morgen zerschlug die Nonne die Mandel, welche sie von der Schwester der Sonne erhalten hatte, und daraus kam eine goldene Wiege hervor.

Als die Magd die Wiege sah, lief sie zu ihrer Herrin und sprach: »Ach, Frau, was hat die fremde Nonne für eine schöne goldene Wiege, man kann sich gar nicht satt an ihr sehen. Die wollen wir für unsere Kinder kaufen. Denn was tut eine Nonne mit einer Wiege?«

»So gehe hin und frage sie, was wir ihr dafür geben sollen.« Da ging die Magd zur Nonne und sagte: »Wie viel verlangst du für deine Wiege?« Und jene erwiderte: »Ich verlange kein Geld dafür, sondern heute Nacht mit deinem Herrn zu schlafen.« Da kam die Magd zurück und sprach: »Sie verlangt kein Geld dafür, sondern wieder heute Nacht mit dem Herrn zu schlafen.«

Als das die Frau hörte, ward sie zornig und rief: »Sie soll zum Henker gehen, den Herrn gebe ich ihr nicht mehr.« Aber die Magd redete ihr zu und sprach: »Für die goldene Wiege könnten wir ihn ihr schon noch einmal geben.« Da ging die Magd hin und sagte es der Nonne und brachte dafür die Wiege zurück.

Als sie aber den Herrn am Abend zu Bett brachten und ihm den Schlaftrunk gaben, da gedachte er der Geschichte, die ihm der Kupferschmied erzählt hatte, er drehte sich auf die Seite, ließ den Trank auf einen Schwamm laufen und versteckte denselben. Er stellte sich schlafend, Frau und Magd trugen ihn in die Hütte der Nonne. Als diese wie in den vergangenen Nächten rief: »Gib mir den silbernen Schlüssel, damit ich das goldene Kind gebären kann!«, öffnete er die Augen, erkannte seine erste Frau und gab sich selbst zu erkennen. Darauf führte er sie in den Stall, zog zwei gute Pferde heraus, setzte sie auf das eine, stieg auf das andere und ritt mit ihr bis dahin, wo sich die Erde öffnete. Er rief dreimal: »Öffne dich, Erde, wir wollen hinaus.« Da öffnete sich die Erde und ließ sie hinaus. Sowie sie auf der Oberwelt angekommen waren, öffnete er ihren Schoß, und sie gebar einen Knaben, von dessen Schönheit die Erde erglänzte und der bereits neun Jahre alt war.

Darauf ritten sie zum Palaste des Vaters der Frau. Da stellten sie eine große Hochzeit an, aßen und tranken und lebten zusammen bis auf den heutigen Tag.

Es ist nicht ganz wahr, es ist aber auch nicht ganz erlogen.

Märchen aus Albanien

Der Fink mit der goldenen Stimme

Wo war's, wo war's nicht, siebenmal sieben Königreiche weit, auch jenseits des Operenzmeeres, aber auch noch jenseits meiner Großmutter Haus, da lebte auf der Welt ein König. Der hatte drei Söhne.

Er war schon sehr alt, man musste seine Augen mit Eisenstäben stützen, einstmals sprach er zu seinen Söhnen also:

»Meine Söhne, wenn ihr mir vom Wasser der Jugend und des Todes brächtet und auch den Finken mit der goldenen Stimme herbeischafftet, so gäbe ich euch mein ganzes Reich.«

Mehr bedurfte es für die drei Prinzen nicht, sie gingen und sattelten alle drei sogleich. Die beiden älteren auf schönen Rossen, der jüngste nur auf einem garstigen Schimmel. Als sie ihn erblickten, begannen sie zu spotten, dass er sich unterfange, auf so einem Rechen auszuziehen. Doch der kleine Königssohn ließ sich nicht irre machen, ritt immer der Nase lang.

Er ritt und ritt, zog durch siebenmal sieben Königreiche. Seine Brüder wollten ihn verlocken, er sollte mit ihnen ziehen. Doch da sie, kaum erst ausgezogen, ihn auch schon verspottet hatten, so zog er allein. Unterwegs fand er eine schlechte Hütte, darin wohnte eine alte Frau.

»Gott zum Gruß, guten Morgen, Großmutter«, grüßte der Königssohn.

»Schönen Dank, lieber Sohn! Was führt dich her?«

Und da erzählte er der Reihe nach, weshalb er in die Welt gezogen.

Sprach die alte Frau: »Ich weiß nichts davon, doch mache dich auf, jenseits des Waldes wohnt eine andere alte Frau, die kann dir vielleicht etwas sagen.«

Damit holte sie einen Krug vor, drückte ihn dem Königssohn in die Hand.

»Mein lieber Sohn, wenn du zurückkommst, fülle mir diesen Krug mit dem Wasser des Lebens und bringe ihn mir, für deine gute Tat erwarte Gutes!«

Der Königssohn zog davon. Jenseits des Waldes fand er wirklich die andere Alte, doch auch die verstand von seiner Sache gerade so viel wie die Henne vom Abc, sie drückte ihm nur den Krug in die Hand. Aber sie erzählte, dass nicht weit von dort eine Frau wohne, die sei noch älter als sie, zu der solle er gehen, dann wird's schon gut gehen.

Er zog weiter, fand auch die uralte Frau, sie war noch älter als die Milchstraße, des lahmen Siriussterns Bein war damals noch heil, als sie geboren wurde. Der Königssohn grüßte sie: »Gott zum Gruße, guten Tag, Großmutter!«

»Schönen Dank, mein lieber Sohn«, hätte die Alte gesagt, wenn sie gekonnt hätte, aber sie stammelte nur. »Und was führt dich her?«

Der Königssohn erzählte nun von Anfang bis zu Ende, dass er vom Wasser der Jugend und des Todes holen wolle, auch den Finken mit der goldenen Stimme entwenden, wenn das möglich wäre, denn sein Vater wünsche das. Doch allein würde er nicht weit kommen, also bitte er sie um Rat. Sprach zu ihm die Alte:

»In einen großen Baum hast du deine Axt geschlagen, mein lieber Sohn! Doch versuche es nur, vielleicht gelingt es dir. Wenn du von hier fortziehst, gelangst du in einen großen Wald. Mitten darin findest du eine Goldburg, ein Fenster ist immer offen. Dann binde deines Pferdes Schweif auf, dass auch nicht ein Haar stehen bleibt und springe durchs Fenster hinein. Gleich dort wirst du die Zauberschöne Ilona finden, doch küsse sie nicht, denn dann wär's aus mit dir, sondern reiß ihr ein Haar aus, damit binde des goldstimmigen Finken Schnabel zu, der dort gleich neben der Zauberschönen Ilona in einem Käfig steht. Zur Linken fließt das Wasser der Jugend, zur Rechten das des Todes, fülle deine Krüge und dann mache dich auf, doch gib acht, dass deines Pferdes Schweif aufgebunden ist, denn sonst merken sie etwas und du weißt schon, was danach kommt. Sieh hier diese Bürste und dieses Ei und dieses Handtuch, wenn du in Not kommst, kannst du dir mit diesen noch helfen.«

Damit holte auch die dritte Alte einen Krug, gab ihn dem Königssohn zusammen mit der Bürste, dem Ei und dem Handtuch. Jener indessen machte sich auf, bald war er auch in der Waldesmitte angelangt bei der Goldburg. Just Mittag war's, die Sonne brannte, dass der Königssohn schier geblendet wurde von dem Glanz, den er erblickte. Auf die Goldburg strahlte die Sonne, das war dieser strahlende Glanz. Er sprang vom Pferd herunter, sein Erstes war, den Schwanz aufzubinden. Dann schwang er sich auf und sprang durch das offene Fenster hinein. Dort sperrte er wirklich Mund und Augen auf, denn so etwas hatte er sein Lebtag noch nicht gesehen. In einem Sessel saß die Zauberschöne Ilona, noch schöner wohl, als man sie hätte malen können, neben ihr in einem Käfig der Fink mit der goldenen Stimme. Schon neigte er sich über der Zauberschönen Ilona Antlitz, es zu küssen, doch gerade fiel ihm noch der Alten Rede ein. Er zog ein Goldhaar aus ihrem Haupt, band damit des goldstimmigen Finken Schnabel. Dann schöpfte er vom Wasser der Jugend und des Todes, soviel Krüge er gebracht, alle tauchte er ein, nahm den Käfig mitsamt dem Finken mit der goldenen Stimme auf den Sattel und damit – heidi! – ging's zum Fenster hinaus.

Ja, aber er hatte vergessen, des Pferdes Schweif nochmals zu binden, ein Haar hing heraus, rührte an die Burg, die erscholl aber so, dass die Feen alle von dem Schall erwachten. Sogleich wussten sie, dass dort jemand gewesen war. So viele ihrer waren, allesamt hinter dem Königssohn her! Fast hatten sie ihn schon erreicht, da schleuderte der Königssohn die Bürste fort, die ihm die Alte gegeben hatte. Auf der Stelle wurde ein großer Wald aus ihr.

Na, da waren die Feen überlistet, denn wenn man ihnen ein Hindernis in den Weg legt, können sie nicht drüberweg fliegen, sie mussten sich durch den Wald durchschlagen. Unterdessen war der Königssohn weit fortgeeilt. Doch die Feen brauchen nicht viel, wenn sie erst einmal ihre Flügel benutzen können. Wie sie aus dem Wald heraus waren, da waren sie sogleich dem Finken mit der goldenen Stimme auf der Spur. Schon brannte der Boden unter des Pferdes Hufen, als der Königssohn das Ei hinschleuderte. Draus wurde plötzlich ein großer Berg, den mussten die Feen zu Fuß überschreiten, wenn sie den Finken mit der goldenen Stimme noch einmal sehen wollten. Doch der Königssohn warf, als er sie zum andern Mal dicht hinter sich sah, das Handtuch von sich, daraus wurde ein Meer, so dass nicht einmal die Feen es durchwaten konnten.

Bald darauf traf er auf seinem Weg die Hütte der Alten, von der er den Rat bekommen hatte. Er brachte ihr einen Krug mit dem Wasser der Jugend. Dann ging er der Reihe nach mit den Krügen zu den alten Frauen. Jetzt wäre schon alles gut gewesen, da war der Fink mit der goldenen Stimme und auch das Wasser der Jugend und des Todes, nur eins war schlimm. Auf dem Heimwege traf er mit seinen Brüdern zusammen, die ganz umsonst ausgezogen waren, und sie sahen dort an seinem Halse die beiden Krüge und in seinen Händen den Käfig mit dem goldstimmigen Finken. Kurz entschlossen nahmen sie ihm alles fort und befahlen ihm, dass er sich als Knecht ankleide, bei seinem Vater als Kutscher verdinge und von all dem niemandem etwas sage, denn sonst würden sie ihn töten. Was blieb dem Königssohn anderes übrig? Er tat, wie seine Brüder ihm befahlen und versprach, nichts zu sagen. Damit zogen sie heimwärts.

Zu Hause freute sich der alte König, dass seine beiden ältesten Söhne solch wackere Männer waren und übergab ihnen sogleich ein Drittel seines Reiches. Seinen jüngsten Sohn, der als Knecht gekleidet war, nahm er als Kutscher an. Sie lebten glücklich. Die beiden Königssöhne spielten die Herren und waren gut dran, der jüngste striegelte Pferde und ackerte.

Einstmals, wie sie erwachen, sehen sie, dass vor dem Palast eine goldene Brücke steht, eine schöne, herrliche Goldbrücke, auf der Mitte steht die Zauberschöne Ilona und ruft:»König, König, alter König! Schicke den von deinen Söhnen heraus, der mich in meiner Burg beraubt hat!« Zuerst staunten sie, wer das sein mag, was sie wohl herführe, doch dann fiel ihnen ein, wer es sei und warum sie gekommen. Geht der Älteste hinaus, sitzt auch zu Pferde, so wie die Zauberschöne Ilona gekommen war und tritt vor auf die Brücke. Fragt ihn die Zauberschöne Ilona:»Königssohn, sag mir an, fließt das Wasser des Todes mir zur Rechten oder zur Linken?« Da konnte jener nicht mucksen.

»Wenn du's nicht weißt, schicke deinen jüngeren Bruder heraus, vielleicht weiß der's zu sagen.« Geht der zweite Königssohn hinaus, die Zauberschöne Ilona fragt auch ihn nach dem Wasser des Todes, aber auch dessen Antwort war keinen Groschen wert. Jetzt sprach die Zauberschöne Ilona also:»König, König, alter König! Wenn niemand aus deinem Hause sagen kann, was ich frage, ziehe ich zum Kampf gegen dich!«

Da ging der Kutscher hinein zum König, sprach zu ihm:»Erlauchter König, Gnade meinem Haupt, erlaube, dass ich auf die Goldbrücke hinausgehen darf, vielleicht kann ich dich vor dem Krieg bewahren!«

Der König griff zu.

»Geh nur, doch sprich klug!«

Schwang sich der Königssohn auf ein Pferd, sprengte geradewegs auf die Brücke vor die Zauberschöne Ilona.

»Sag mir an, Königssohn, fließt das Wasser des Todes mir zur Rechten oder zur Linken?«

»Zur Linken das Wasser der Jugend, zur Rechten das des Todes!«

»Das ist richtig«, sagte die Zauberschöne Ilona. »Und was geschah dem Finken mit der goldenen Stimme?«

»Ich nahm ein Goldhaar von deinem Haupt, damit band ich seinen Schnabel und so trug ich ihn fort mitsamt dem Käfig.«

Der alte König und seine beiden Söhne machten da drinnen große Augen, doch besonders die beiden Königssöhne. Sie wussten, dass es jetzt ein Ende hatte mit ihrem Pfingst-Königreich.

Nun fragte die Zauberschöne Ilona den Jüngsten noch: »Und ich, wer bin ich?«

»Du bist die Zauberschöne Ilona! Aus deiner Burg holte ich das Wasser der Jugend und des Todes und den kleinen Finken mit der goldenen Stimme!«

»Nun, wenn ich das bin, so bist du mein schönes Herzlieb, Grabscheit und Hacke scheide uns nur!«

Sie umarmten sich, küssten sich, gingen hinein in den königlichen Palast. Von den beiden ältesten Königssöhnen war nur noch die leere Stätte da, sie waren von dannen gezogen, wer weiß wohin! Der alte König gab dem jungen Paar das ganze Reich, sie wurden getraut, hielten eine Hochzeit, von der man siebenmal sieben Königreiche weit hörte und sie leben jetzt noch, wenn sie nicht gestorben sind.

Märchen aus Ungarn

Die Geschichte von den zwölf goldenen Gänsen

Es war einmal ein König, der hatte in seinem Garten einen Birnbaum, welcher goldene Früchte trug, aber seit einigen Jahren waren die Birnen kurz vor ihrer Reife verschwunden und es gelang den Dienern trotz ihrer Wachsamkeit nicht, den Dieb, denn nur ein solcher konnte es sein, zu ertappen.

Da erbot sich der älteste Prinz, das Amt eines Wächters zu übernehmen. Er begab sich, als die Birnen anfingen reif zu werden, in ein Gartenhäuschen nahe dem Birnbaum, ließ sich dorthin das Nachtessen bringen und beschloss, die Nacht hindurch zu wachen. Während er die Speisen verzehrte, kam plötzlich ein Mäuschen gelaufen und bat ihn recht schön um einen kleinen Hühnerknochen zum Abnagen. Aber der Prinz stieß es unwillig zurück und quiekend lief das Mäuschen davon. Kaum waren einige Minuten vergangen, da überfiel ihn eine solche Schlafsucht, dass er trotz seines festen Vorsatzes, wach zu bleiben, in einen tiefen Schlaf verfiel. Als er erwachte, war es schon heller Tag und er sah mit Schrecken den Baum seiner Früchte beraubt.

Im nächsten Jahre war nun der zweitälteste Prinz der Wächter. Auch bei ihm fand sich das Mäuschen während des Abendessens ein und bat um einen Brocken. Auch er verjagte es und schlief dann so fest ein, dass er erst des Morgens, als die goldenen Birnen schon verschwunden waren, erwachte.

Im dritten Jahr musste nun der jüngste Prinz, der wegen seiner vortrefflichen Eigenschaften der Liebling des Königs war, Wache halten. Als er sein Nachtmahl im Gartenhäuschen verzehrte, kam wieder das Mäuschen und sprach: »Lieber Prinz, gib mir etwas zu essen, ich habe großen Hunger.« Da reichte der gute Prinz dem Mäuschen ein Stückchen Fleisch hin, das es mit großem Behagen verzehrte. Dann sagte es: »Weil du so gut warst, so will ich dir auch einen Gefallen erweisen. Ich weiß, warum du hier bist und kenne auch die Diebe, welche die goldenen Birnen stehlen. Du wirst ebenfalls schlafen müssen, denn die Diebe schicken vor ihrer Tat einen ihrer dienstbaren Geister her, der die ganze Umgebung des Baumes in einen dichten betäubenden Nebel hüllt, so dass jedes menschliche Wesen in seinem Bereich von einer unwiderstehlichen Schlafsucht befallen wird. Bei solchen kleinen Tieren aber, wie ich eines bin, hat der Nebel keine Wirkung. Daher werde ich dich wecken, wenn die Diebe kommen.« Das Mäuschen hielt Wort. Des Nachts, als der Prinz im tiefen Schlaf lag, lief es plötzlich zu ihm und zwickte ihn in die Nase. Er fuhr in die Höhe, eilte schleunigst zu dem Birnbaum und kletterte empor. Da sah er zwölf goldene Gänse in den Zweigen sitzen, die eben im Begriff waren, die Birnen abzubeißen. Als die Gänse den Prinzen bemerkten, erhoben sie ein großes Geschrei und flogen davon. Aber eine Gans wurde doch von dem Prinzen erwischt und von ihm festgehalten. Da jammerte die Gans und flehte den Prinzen an, ihr die Freiheit zu geben, denn sonst müsse sie elend zugrunde gehen. »Ich lasse dich frei«, sprach der Prinz, »doch musst du mir sagen, wer ihr seid und warum ihr jedes Jahr herkommt, die Birnen meines Vaters zu stehlen.«

»Das will ich dir sagen«, antwortete die Gans. »Wir sind zwölf Schwestern, die ein böser Zauberer in goldene Gänse verwandelt und in einen gläsernen Berg verbannt hat, welcher früher unser väterliches Schloss war. Nur wenn es jemals einem Menschen gelingen würde, in den gläsernen Berg einzudringen, wäre der Zauber gebrochen und uns unsere frühere Gestalt wiedergegeben. Bis das geschieht, kommen wir in jedem Jahre aus weiter Ferne hierher, eure Birnen zu holen, denn der Genuss derselben verleiht uns immerwährende Jugend.«

»Und wo befindet sich dieser gläserne Berg?«, fragte der Prinz. »Zehn Meilen hinter dem Schwarzen Meere«, entgegnete die Gans. »Gut«, sagte der Prinz, »ich werde gewiss kommen und versuchen, euch zu befreien. Doch bitte ich dich, mir zum Andenken eine goldene Feder aus deinem Flügel zu geben.« Die Gans tat es und flog davon.

Als der König am Morgen die Früchte auf dem Baume sah, war er sehr erfreut und sprach zu seinem Sohne: »Da du ein guter Wächter warst, so offenbare mir einen Wunsch, damit ich ihn erfülle!« Da bat der Prinz seinen Vater um die Erlaubnis, eine größere Reise machen zu können, um die Welt zu sehen. Der König gewährte die Bitte, schon am nächsten Tage ritten der Prinz und seine Diener in die weite Welt mit dem Vorsatz, den gläsernen Berg zu suchen. Nach vielen Beschwerlichkeiten gelangten sie endlich in die Nähe des Schwarzen Meeres. Dort erfuhren sie von einem alten Fischer, dass der gläserne Berg zehn Meilen vom jenseitigen Ufer entfernt inmitten einer großen Wildnis sich erhebe. Sie ließen sich mit ihren Pferden hinüberführen und erreichten dann nach einem mehrstündigen Ritte ein kleines Dorf, welches am Fuße des gläsernen Berges lag. Letzterer war, wie sie sofort erkannten, wegen seiner Höhe und Steilheit ganz unzugänglich.

Der Prinz erkundigte sich bei den Leuten im Dorfe nach den Bewohnern des Berges und brachte in Erfahrung, dass dieselben von niemandem noch gesehen wurden, dass ihnen aber allmonatlich an einem bestimmten Tage in einer an einem Seile befestigten Kiste Lebensmittel hinaufbefördert werden, für welche die Bezahlung auf demselben Wege erfolgt. Rasch entschlossen ließ sich nun der Prinz, als die leere Kiste vom Berge herablangte, an Stelle der Lebensmittel hineinsetzen und hinaufbefördern. Oben angelangt, nahm er wahr, dass sie jemand in Empfang nahm und wie er durch die Luftlöcher bemerken konnte, in eine dunkle Kammer stellte. Als er sich allein glaubte, kroch er aus der Kiste heraus, öffnete die Kammertür und befand sich plötzlich in einem herrlichen Garten, worin die lieblichsten Blumen prangten und Nachtigallen und andere Vögel im schönsten Gesange wetteiferten.

Er folgte dem Laufe eines kristallenen Bächleins und bemerkte, dass dasselbe in einen kleinen Teich mündete, aus welchem ihm ein Gekicher und ein durch Plätschern im Wasser verursachtes Geräusch entgegenscholl. Schnell verbarg er sich hinter einem Strauch und bemerkte nun, dass sich in dem Teich elf goldene Gänse badeten, dabei lachten und scherzten und allerlei Kurzweil trieben. Eine Gans aber stand abseits am Ufer und blickte traurig auf ihre Genossinnen. Der rechte Flügel hing ihr an dem Körper herab und zeigte eine Lücke, als ob sie eine Feder verloren hätte. Der Prinz erkannte sofort, dass es jene Gans sei, welche ihm eine Feder gegeben hatte. Mit dem Rufe: »Hier bin ich, um euch zu erlösen!«, stürzte er hervor. Mit einem freudigen Geschrei erhoben sich die Gänse in die Luft und kamen sofort als schöne, weiß gekleidete Jungfrauen auf den Boden.

Die Schönste unter ihnen war aber die zwölfte, welcher eine Locke aus ihren Haaren fehlte. Sie gestand dem Prinzen, dass sie Tag und Nacht an ihn gedacht und immer gehofft hatte, dass er kommen und sie erlösen werde. Auch der gläserne Berg war verschwunden, an seiner Stelle erhob sich ein herrliches Schloss auf waldiger Anhöhe, bevölkert von Dienern, Dienerinnen und allerlei Haustieren.

Der Prinz wurde von den Jungfrauen umringt und von ihnen mit Dank überschüttet.

Er aber fasste die Jungfrau mit der verlorenen Locke bei der Hand und fragte sie, ob sie seine Gemahlin werden wolle. Freudig bejahte sie die Frage, worauf er sie zu sich auf das Pferd nahm und mit ihr in Begleitung seiner Diener zu seinem Vater nach Hause ritt, wo die Hochzeit gefeiert wurde. Von seiner Gemahlin erfuhr der Prinz auch die Ursache ihrer Verzauberung. Ein mächtiger Zauberer bewarb sich nämlich um die Hand ihrer ältesten Schwester, wurde aber von dieser wegen seiner Hässlichkeit abgewiesen. Dasselbe Schicksal hatte auch diese Werbung bei jeder der übrigen Schwestern. Dieses Missgeschick hatte ihn derart mit Zorn erfüllt, dass er alle zwölf Schwestern in Gänse verzauberte. In ungetrübtem Glück lebte der Prinz mit seiner Gemahlin viele, viele Jahre und auch die übrigen Schwestern heirateten schöne, tapfere Ritter.

Märchen aus Mähren

Der Drachentöter
und die drei Königstöchter

V or langer Zeit zogen einmal drei Brüder aus. Tagelang streiften und jagten sie schon in den Wäldern umher, da fanden sie ein wohlgebautes Haus. Tore und Türen standen offen, Küche, und Keller waren aufs Beste bestellt, doch im ganzen Hause hörten und sahen sie keinen Menschen. Weil sie aber entlaufen waren, so freuten sie sich dieser Einsamkeit und ließen es sich wohl gefallen.

Am nächsten Morgen gingen die beiden Jüngeren auf die Jagd. Der Älteste aber blieb daheim, um auf das Herdfeuer zu achten und das Mahl zu bereiten. Während er beim besten Kochen war, kam ein schmutziger alter Bettler daher, der trug einen langen schwarzen Bart und bat kläglich, sich auf den Herd setzen zu dürfen, weil ihm so kalt sei.

»Setz dich nur hinauf, Alter!«, sagte der Älteste und ging weiter seinen Geschäften nach. Als er aber auf das bärtige Bettelmännlein nicht achtete, sprang dieses vom Herde, zerkratzte und zerzauste ihn ganz erbärmlich und war schnell wieder fort.

Wie am Abend die beiden anderen heimkamen und ihn so übel zugerichtet sahen, fragten sie, was es gegeben habe. »Ja«, antwortete er, »da kam heute eine große Katze, setzte sich auf den Herd, und als ich ihrer nicht achtete, sprang sie mir ins Gesicht. Das andere seht ihr selbst.« Die Gefährten lachten und dachten nichts weiter dabei.

Am anderen Morgen blieb der mittlere Bruder zu Hause und besorgte die Küchengeschäfte. Gegen Mittag klopfte es an die Haustüre. Als er öffnete, stand draußen das alte, bärtige Männlein und bat inständig um Einlass, weil ihm so kalt sei. Es ging aber gerade so zu wie am Vortage und auch den mittleren Bruder fanden die beiden Jäger abends ganz zerkratzt vor. Was blieb ihm übrig, als ebenfalls der Katze die Schuld zu geben, denn er hielt es für eine Schande, einem alten Männchen unterlegen zu sein.

Am dritten Tage blieb der Jüngste zu Hause. Es dauerte nicht lange, da kam der schmutzige Bettler und bat um Erlaubnis, sich ans Feuer setzen zu dürfen. »Meinetwegen«, sagte der Junge mürrisch und dachte sogleich: »Vielleicht ist das die große Katze, die den beiden anderen so zugesetzt hat.« Er tat weiter nichts dergleichen, behielt das Männlein aber wohl im Auge. Wie dieses plötzlich auf ihn zusprang, fasste er es rechtzeitig am Barte, schleppte es unter das Dach und band es dort fest.

Als die beiden anderen abends heimkamen, waren sie gar verwundert, ihn so vergnügt zu finden. Sie fragten nach der großen Katze, er aber antwortete: »Ja, geht nur und schaut, unter dem Dache oben hängt sie!« Da sprangen sie vom Tisch auf, nach der Katze zu schauen, doch sie fanden nur den langen schwarzen Bart des Männleins hangen und über die Stiege herab sahen sie Blutspuren. Wohin mochte das Männlein geflohen sein?

Neugierig gingen sie der blutigen Spur nach, bis sie zu einem großen Steine kamen, wo die Tropfen nicht weiterführten. Da wälzten sie den schweren Brocken weg und fanden darunter eine Öffnung, die tief in die Erde hineinreichte. Der Jüngste fasste sich ein Herz, lief heim und holte lange Stricke. Die beiden anderen wollten nicht hinunter in die Finsternis, aber sie waren sogleich bereit, ihn hinabzulassen. Das Seil war schon fast zu Ende, da kam der Jüngling endlich unten an. Er wusste kaum, was er denken sollte, denn er erblickte vor sich die schönste Landschaft. Er dachte gar nicht mehr daran, dass ihn oben seine Genossen erwarteten, ging immer weiter und erblickte bald drei Schlösser. Da er immer vorwärts schaute, achtete er nicht viel darauf, dass er am Wege eine Herde traf, die von dem alten Männlein gehütet wurde.

Ungeduldig eilte er weiter, bis er zu dem ersten Schloss kam. Er trat durch das große Tor in den Hof und stieg die Marmortreppe empor. Nichts regte sich, er glaubte schon, das Schloss sei menschenleer, da kam ihm die lieblichste Jungfrau entgegen, die er jemals gesehen hatte. »Wie kommst du hierher?«, fragte sie. »Weißt du nicht, dass du in großer Gefahr bist? Meine beiden Schwestern und ich leben in den drei Schlössern, wo uns greuliche Tiere bewachen. Gelingt es dir aber, den siebenköpfigen Drachen zu töten, so bin ich frei und auch meine Schwestern vermagst du zu erlösen.« Weil der Drache bald zurückkommen sollte, schloss er die Hälfte des Tores fest zu und ließ nur einen Flügel offen. Da wurde es auch schon dunkel, das siebenköpfige Untier zwängte sich herein, aber ehe es noch zur Hälfte im Schloss war, hatte er ihm schon die sieben Häupter abgehauen.

Jetzt war die Königstochter noch zehnmal schöner als vorher. Sie dankte ihm von Herzen dafür, dass er sie befreit hatte und gab ihm ihr goldenes Krönlein.

Nun machte sich der Jüngling zum zweiten Schloss auf. Auch hier schien alles ausgestorben, bis er abermals ein Mädchen traf. Sie begrüßte ihn freundlich und sagte, dass der Drache bald kommen werde. Wieder gelang es ihm, das Untier zu fällen, ehe es noch ganz im Schloss war. Da schenkte ihm die Jungfrau einen goldenen Ring und bat ihn, auch noch ihre andere Schwester zu befreien.

Er verabschiedete sich und ging in das dritte Schloss, wo er wieder ein liebliches Mädchen antraf. Sie hieß ihn willkommen und freute sich von Herzen, als sie hörte, dass er ihre beiden Schwestern befreit habe. Jetzt wusste er schon mit Drachen umzugehen und so dauerte es gar nicht lange, da war auch das dritte Untier gefällt. Die Jungfrau schenkte ihm ein goldenes Kettlein, er begab sich nun mit den drei Schwestern zu der Stelle, wo ihn seine Gesellen heruntergelassen hatten. Er befestigte das erste Mädchen an dem Stricke und riss daran, zum Zeichen, dass die beiden aufziehen sollten. Die waren nicht wenig erstaunt, als sie die schöne Jungfrau vor sich sahen und hörten, dass ihre zwei Schwestern noch nachkämen.

Als aber zum Schluss der Jüngling das Seil ergriff, fiel es seiner ganzen Länge nach von oben herunter, er glaubte noch das spöttische Lachen der ungetreuen Brüder zu hören. Jetzt stand er allein hier und wusste nicht aus und ein. Da gedachte er des alten Männleins und suchte es so lange, bis er es endlich antraf. Als er ihm seine Not klagte, sprach der Alte:»Ich will mich in einen großen Adler verwandeln und dich hinauftragen. Du musst aber ein Lamm schlachten, in drei Teile zerlegen und mitnehmen. Denn ich werde vom Fluge sehr matt, so oft ich schreie, musst du mir ein Stück geben, sonst fallen wir herab und du bist tot!«

Der Jüngling schlachtete sogleich das Lamm und zerteilte es. Da fasste ihn der Adler mit den Fängen und schwang sich empor. Sie flogen gar schnell aufwärts, aber dennoch hatte der riesige Vogel schon dreimal nach Futter geschrien und noch waren sie nicht oben. Er schrie nun zum vierten Male, doch das Lamm war schon verzehrt. Da schnitt sich der Jüngling ein Stück von seiner Wade herunter und gab es ihm zu fressen und in wenigen Augenblicken waren sie oben. Jetzt wurde der Adler wieder zum Männchen und dankte dem Jüngling herzlich für seine Befreiung, die ihm dadurch zuteil geworden war, dass er das Wadenstück verzehrt hatte.»Jenes Haus, in dem ich euch zuerst aufgesucht habe, übergebe ich dir.« Das Männlein zeigte ihm auch noch ein Brünnlein, das die Wunde heilte, und war alsbald fort.

Nun machte sich der Jüngling auf den Weg, den König aufzusuchen, dessen Töchter er befreit hatte. Es dauerte auch nur einige Tage, da kam er in die Königsstadt, in der herrschte Lust und Freude.»Was gibt es denn, dass ihr alle so fröhlich seid?«, fragte er.»Ei, ist das nicht Anlass sich zu freuen?«, entgegneten ihm die Leute.»Die drei Königstöchter sind wieder hier, die beiden Befreier sind mitgekommen und halten bald Hochzeit!«

Als er das hörte, verdross es ihn nicht wenig, dass die ungetreuen Kerle sich noch auf seine Taten hin groß machten. Wie er so dahinwanderte, sah er in einer offenen Werkstatt einen Mann sitzen, der hämmerte so eifrig darauf los, dass er ihn anredete:»Was macht Ihr denn da, dass Ihr Euch völlig die Augen herausschaut?« – »Das braucht es auch«, entgegnete der andere, ohne aufzusehen, die Königstochter soll ein goldenes Krönlein bekommen und ich eine schöne Belohnung, aber die Arbeit ist nicht leicht.« – »Ich bin ein wandernder Goldschmiedegesell«, sagte jetzt der Jüngling,»nehmt mich in Euren Dienst und Ihr werdet zufrieden sein!« Da wurde er aufgenommen und erhielt ein Zimmer, in dem er es sich die ganze Woche wohl sein ließ. Als die Zeit um war, nahm er sein Krönlein, übergab es dem Goldschmied und machte sich sogleich auf den Weg, um beim nächsten Meister einzustehen, der das Ringlein anfertigen sollte.

Der erste Goldschmied ging auf das Schloss und überbrachte das goldene Krönlein dem König. Als die Jüngste das herrliche Stück erblickte, schrie sie auf und auch ihre Schwestern wussten nun, dass der Befreier nahe sei. Der Meister musste erzählen, wer die Krone gefertigt habe, bald erfuhren sie auch, dass das goldene Ringlein vom gleichen Gesellen stamme. Der dritte Meister aber wartete nicht erst ab, bis sein fremder Helfer ihm das Kettlein überreichte und dann verschwinden werde. Als er merkte, dass der Geselle gar nicht arbeite, ging er sogleich zum König und erzählte ihm davon. Da wurden Boten ausgeschickt, die den Jüngling an den Hof holten, wo er als der wahre Befreier begrüßt wurde. Die beiden Betrüger wurden in das einsame Waldhaus gesteckt, er aber hielt Hochzeit mit der jüngsten Königstochter.

Märchen aus Österreich

Betta Pilusa

Es waren einmal ein König und eine Königin. Sie hatten einen Sohn, und in ihrem Schloss gab es viele Diener, unter denen war ein Ehepaar, das eine Tochter hatte. Diese passte auf die Hühner auf und brachte dem König frische Eier. Man nannte sie Betta Pilusa.

Eines Tages fand sie einen Stock. Dieser sprach zu ihr: »Befiehl mir, befiehl mir und du wirst alles bekommen!« Sie antwortete: »Ich möchte drei Kleider, ein wunderschönes Ballkleid, eines, das voller goldener Glöckchen ist und ein drittes, das strahlt wie die Sonne. Dazu ein Kleid, so wie ein Tierfell, das ich jeden Tag tragen werde.«

Eines Tages sollte der Prinz vermählt werden und es wurde ein großes Fest gefeiert. Unter den Festgästen sollte er seine Gemahlin wählen. An diesem Tag sah der Prinz Betta Pilusa, scherzte und sagte: »Heute Abend wird ein großes Fest gefeiert, willst du nicht auch kommen?« – »Nein«, antwortete Betta Pilusa, »ich muss den Hühnern unter die Schwanzfedern greifen, damit sie Eier legen.«

Als alle beim Fest waren, nahm sie den Stab hervor und sie sprach zu ihm: »Ich befehle dir, ich befehle dir, eine Kutsche aus Gold und einen Kutscher mit Livree für mich zu beschaffen.« Darauf zog sie ihr Abendkleid an und fuhr zum Fest. Alle staunten über ihre Schönheit und sie dachten, ihr Vater müsste ein großer König sein. Niemand kannte sie. Der Königssohn tanzte den ganzen Abend mit ihr. Dabei raubte sie ihm seinen goldenen Armreif. Als das Fest zu Ende war, hieß der Königssohn seine Bediensteten aufpassen, wohin das fremde Mädchen gehen würde. Sie ging zu ihrer Kutsche und als sie bemerkte, dass sie verfolgt wurde, griff sie zu einer List. Sie warf mit beiden Händen Mehl hinter sich, die Verfolger mussten von ihr ablassen, weil sie keine zwei Schritte weit sehen konnten. Als der Königssohn das hörte, war er wütend und traurig.

Am nächsten Tag bat Betta Pilusa in der Bäckerei des Königs um Brotteig. Damit ging sie nach Hause, formte aus dem Teig einen Ring und buk den Armreif des Königssohnes darin ein. Dann bat sie, ihn in der Bäckerei des Königs backen zu dürfen. Dabei sprach sie: »Meines wird ein Ring aus Gold und ihr werdet nur verbacktes Brot bekommen.« Und so geschah es. Ihr Ring wurde goldfarbig und schön und der Teig des Bäckers war nach dem Backen nicht mehr zu gebrauchen. Der Königssohn sah den Ring und wollte ihn haben. Betta Pilusa spielte die Zornige und sträubte sich, den Ring herauszugeben. »Das bisschen Teig, das ich bekommen habe, nimmt man mir wieder weg.«

Der Königssohn nahm dennoch ihren Ring und aß ihn auf. Da entdeckte er seinen Armreif. Er war ruhig und überlegte. Er scherzte wieder mit Betta Pilusa und sagte: »Na, Betta Pilusa, wirst du heute Abend kommen?« – »Nein«, erwiderte Betta Pilusa, »ich muss den Hühnern unter die Schwanzfedern greifen, damit sie Eier für den König legen.«

Am Abend zog sie das Kleid mit den goldenen Glöckchen an und fuhr mit einer noch schöneren Kutsche zum Fest. Wie am Abend zuvor staunten alle über sie und der Königssohn beauftragte alle Gäste aufzupassen, wohin sie nach dem Fest fahren würde.

Wieder tanzte der Königssohn den ganzen Abend mit ihr, dabei stahl sie ihm ein goldenes Kettchen. Als sie aufbrach und alle ihr folgen wollten, schüttete sie Körbe voller goldener Münzen aus der Kutsche. Statt ihr zu folgen, sammelten alle das Gold auf. Wieder war der Königssohn wütend und traurig.

Am nächsten Tag geschah beim Bäcker das Gleiche wie am Vortag, nur mit dem Unterschied, dass statt des Armreifs das goldene Kettchen in den Teig eingebacken war. Der Königssohn aß wieder davon, blieb ruhig, aber sein Verdacht wurde größer.

Am Abend geschah wieder das Gleiche, sie trug das Kleid, das strahlte wie die Sonne, und der Königssohn tanzte den ganzen Abend mit ihr. Diesmal wollte er ihr selber folgen. Nach dem Fest schwang er sich auf sein schnellstes Pferd und ritt direkt zum Hühnerstall. Da sah er, wie sie sich in das Hühnermädchen zurückverwandelte. Er stellte sie seinen Eltern vor. Die Königin war zuerst erschrocken, als sie die Betta Pilusa sah, aber alles klärte sich auf und es wurde Hochzeit gehalten.

»Loro erano felice e contente, e noi siamo qua e abbiamo niente.«[8]

Märchen aus Sizilien

---

8 »Sie waren glücklich und zufrieden, und wir sind hier und haben nichts.«

Die Braut des Wassermanns

In einem Talkessel, wo der Boitenfluss aus einer Klamm hervorströmt, befand sich eine Insel, auf der ein kleines Mühlenhaus stand. Aber die Mühle hatte kein Wasserrad, denn das kannte man damals noch nicht. Vielmehr betrieb man in jener Zeit das Mühlwerk mit der Hand. Dass jenes Mühlenhaus auf einer Flussinsel stand, war nur ein Zufall.

Der Müller hatte ein Töchterlein, das gern am Fluss spielte und auch oft ins Wasser hineinging. Wenn der Fluss niedrig stand, getraute sie sich weit flussaufwärts zu gehen und einmal kam sie sogar bis in die Klamm, die sehr finster ist. Das Mädchen drang immer weiter in die geheimnisvolle Felsengasse ein.

Da begegnete ihr plötzlich eine alte Frau in grünem Gewand. Die sagte: »Kleine, was machst du hier? Das Wasser hat sich oben gestaut und wird gleich durchbrechen. Flieh, solange es noch Zeit ist, sonst wird die Flut dich verschlingen.«

Das Mädchen erschrak und ging zurück. Aber sie war noch nicht aus der Klamm heraus, als sie ein dumpfes Gebrause hörte. Das Wasser kam und sie konnte ihm nicht mehr entfliehen. Da sah sie auf einem Felsvorsprung über sich wieder die alte Frau stehen, die ihr winkte. Das Mädchen kletterte hinauf und wurde von der Alten in eine Höhle geführt, wo ein junger Bursche saß.

»Das ist mein Sohn«, sagte die Alte. »Wir sind Wasserbewohner und die Flut geht oft hoch über uns hinweg.« Während sie so sprach, hörte man den Bach mächtig angeschwollen daher brausen.

»Diesmal kommt er nicht zu uns herein«, sagte die Alte, »es hat sich nicht genug Wasser angesammelt.«

Die Flut rauschte vorüber, ohne bis zur Höhle heraufzureichen. Aber der Bach ging nicht mehr zurück und so musste das Mädchen bei den Wasserleuten in der Höhle bleiben. Anfangs war es ganz verzweifelt, aber nach einiger Zeit fand es Gefallen an dem neuen Leben.

So vergingen sieben Jahre. Die Müllers Leute suchten ihre Tochter überall und fragten weitum nach ihr, doch stets umsonst. Eines Tages hatte die Müllerin ein Stück Leinwand rot gefärbt und zum Trocknen auf den Zaun gehängt. Nach dem Mittagessen ging sie barfuß hinaus, um das Tuch hereinzuholen. Weil sie barfuß war, machte sie beim Gehen kein Geräusch. Es schien ihr, als ob draußen zwei leise Stimmen reden würden. Vorsichtig schaute sie sich um, da sah sie zwei Zwerge, die das rote Tuch bewunderten.

»Ich bin so alt«, sagte der eine, »dass ich noch gut weiß, wie man in die Klamm hineinsteigen konnte, und jetzt ist sie so tief, dass der größte Baum darin stehen könnte, das und noch viel mehr weiß ich, aber ein so schönes Tuch habe ich noch nie gesehen.«

»Das glaub ich dir«, erwiderte der andere, »ich gäbe was darum, wenn ich einen Rock aus diesem Tuch haben könnte.«

Die Müllerin erzählte das ihrem Mann, der aber sagte: »Mach geschwind zwei kleine Röcke aus dem roten Tuch und hänge sie morgen Mittag vor die Haustür.«

Die Frau tat es, der Mann aber stellte sich hinter die Haustür und wartete. Es dauerte nicht lange, so kamen die Zwerge wieder und staunten über die zwei schönen Röcke. Da trat der Müller hervor und fragte die Zwerge, ob sie wüssten, wo sein Töchterlein sei. Die Zwerge entgegneten, sie wüssten wohl, wo sein Kind weile und sie wären bereit, ihm den Weg dahin zu weisen. Das könnten sie aber nur in einer Vollmondnacht tun. Der Müller war es zufrieden und bot ihnen gleich die Röcke an. Die Zwerge aber meinten, die Röcke wollten sie erst annehmen, wenn sie ihm den gewünschten Dienst geleistet hätten. Das sei bei ihnen so der Brauch.

Einige Zeit später klopften sie nachts an das Fenster der Müllersleute. Der Mann steckte die zwei roten Röckle in seinen Rucksack und ging hinaus. Tatsächlich fand er Zwerge vor der Haustür und sie führten ihn talaufwärts an den Rand der Klamm. Da zeigten sie ihm eine Stelle, wo man über die Felsen hinabklettern konnte. Dort würde er seine Tochter wiederfinden. Sie rieten ihm aber, ehrlich dabei zu Werke zu gehen, ohne Tücke und ohne Hochmut. Der Müller verstand zwar nicht, was sie meinten, aber er dankte ihnen und gab ihnen die Röcke. Darüber freuten sich die Zwerge unbändig, sie zogen sie sogleich an, lachten und tanzten und verschwanden spurlos im Gestrüpp. Nun begann der Müller in die Schlucht hinabzuklettern. Der Mond war ganz voll und leuchtete bis auf den Grund der Schlucht. Als der Müller den Fluss erreichte, sah er eine alte Frau und einen jungen Mann, die da schliefen. Beide lagen bis zum Hals im Wasser, ihre Köpfe aber ruhten auf bemoosten Steinplatten. Das ist nicht geheuer, dachte der Müller und stieg wieder etwas hinauf. Da kam er zu einer Höhle, in der seine Tochter schlief. Sie war kein Kind mehr, sondern ein erwachsenes Mädchen.

Schnell flüsterte er ihr zu: »Ich bin's, dein Vater. Komm schnell mit mir, bevor die Wasserunholde erwachen.«

Das Mädchen war noch ganz traumverloren, aber es folgte ihm. Glücklich erreichten beide den Rand der Schlucht und kamen nach Hause, wo die Mutter sie freudig empfing. Die Tochter schien zwar auch froh bewegt zu sein, aber es zeigte sich, dass sie von ihrer Kindheit fast nichts mehr wusste. Auch sagte sie, dass sie in die Klamm zurückkehren möchte. Das gefiel den Eltern nicht und sie glaubten, dass ihnen ihr Kind durch einen Zauber entfremdet worden sei.

Eines Morgens fand die Mutter unter dem Kopfkissen ihrer Tochter ein Halsband aus grünen Perlen. Da gestand das Mädchen, dass es mit dem Wassermann verlobt sei. Lange beratschlagten die Eltern, was sie tun sollten, um ihre Tochter dem Einfluss der Wasserleute für immer zu entziehen. Schließlich nahm die Mutter das Perlenhalsband, ging damit zu den

Felsen der Klamm und warf es in die Schlucht hinunter. Dabei dachte sie: Die werden schon verstehen, was das bedeutet! Aber wie erschrak sie, als die Kette beim Hinunterfallen ein übermächtiges Getöse verursachte, als ob ganze Berge zusammenstürzen oder ungeheure Wassermassen durch die enge Schlucht sich wälzen würden. Ganz verstört kam sie nach Hause.

Einige Tage später war sie am Fluss mit Waschen beschäftigt. Da stand plötzlich das alte Wasserweib in dem grünen Gewand vor ihr und sagte: »Ich bitte dich, lass deine Tochter wieder mit mir zurückkehren in unser Wasserhaus.« – »Was fällt dir ein«, entgegnete die Müllerfrau. »Wir sind froh, dass wir unsere Tochter aus eurem Bann befreit haben. Nie mehr lassen wir sie zu euch zurückkehren.« Da erwiderte die Wasserfrau, es könnte aber auch geschehen, dass der Sohn selbst käme, um sich die Braut zu holen und in diesen Worten lag etwas wie eine leise dunkle Drohung.

Die Müllerfrau sagte ausweichend: »In dreizehn Jahren mag er kommen!«

Es war dies aber dazumal eine Redensart, und das hieß eben so viel wie niemals!

Bald darauf verheirateten die Müllerleute ihre Tochter mit einem fremden Kaufmannssohn, der bei ihnen blieb und gemeinsam mit ihnen die Mühle bediente. Es vergingen mehrere Jahre. Die alte Müllerfrau starb und die junge bekam zwei Kinder. Mit diesen ging sie eines Tages zu einer Verwandten.

Da kam ein landfremder Mensch in verschlissenem grünem Gewand zum Müllerhaus. Er klopfte an und bat, man möge ihn als Knecht aufnehmen.

Der Müller fragte: »Verstehst du überhaupt etwas vom Müllershandwerk?«

»Nein«, versetzte der Fremde, »aber ich bin stark und ausdauernd. Ich werde mich ins Wasser legen und von hier aus die Mühle drehen.«

»Wenn du im Wasser liegst«, bemerkte der Müller, »kannst du ja das Mühlrad nicht erreichen.«

»Das Mühlrad muss so angebracht werden, dass es ins Wasser hineinragt«, entgegnete der Fremde. »Da werde ich Euch die Mühle drehen, dass Ihr staunen sollt. Sechzehn Stunden am Tage, ohne Unterlass.«

Der alte Müller holte seinen Schwiegersohn herbei, beide meinten schließlich, auf der Welt geschehe allerhand Unsinn und wenn der Kerl da beim Antreiben des Mühlrades im Wasser zu liegen wünsche, so könne man ihm diesen Spaß wohl gönnen. Es wurde vereinbart, dass er täglich sechzehn Stunden arbeiten müsse, dass er aber an jedem siebenten Tage frei sei und seinen Lohn erhalten solle.

Bald erkannten die zwei Müller, dass der neue Knecht sich außerordentlich bewährte. Die Mühle förderte dreimal so viel Mehl als vorher und das Mehl war viel feiner und gleichmäßiger. Aber je mehr sie verdienten, umso habgieriger wurden die beiden Besitzer.

Die Frau hatte bei ihrer Rückkehr sofort erkannt, dass der neue Knecht, der das Mühlrad trieb, der Wassermann war, sie sagte aber zu niemandem ein Wort. Von Stunde an jedoch vermied sie es, den Mahlraum zu betreten oder dorthin zu gehen, wo der Knecht arbeitete. Auch hielt sie die Kinder davon ab, sich dem Knecht zu nähern oder mit ihm zu sprechen.

Eines Tages geschah es bei starkem Regen, dass das Wasserrohr, das das Wasser vom Dach ableitet, herausgedreht war und das Wasser dem unten arbeitenden Knecht gerade ins Gesicht lief. Da rief dieser um Hilfe. Der alte Müller fragte, was denn los sei. »Dreht mir das Wasserrohr weg«, sagte der Knecht. »Ich kann es nicht ertragen.«

»Seltsam«, bemerkte der Müller. »Du liegst den ganzen Tag im Wasser, und da soll dich das stören?«

»Ja, solch Wasser auf schmaler Spur ist mir gefährlich, es macht mich zum Gefangenen.« Schon wollte der Müller das

Wasserrohr wegdrehen, da merkte er, dass der Knecht in seinem Unbehagen das Mühlrad noch schneller als sonst drehte. Das gefiel ihm und er beschloss, den Knecht weiter in seiner misslichen Lage zu lassen. Der Knecht jammerte, aber drehte das Rad mit unheimlicher Schnelligkeit und die Mühle arbeitete prachtvoll. Als die Stunde heranrückte, in welcher der Knecht seine Arbeit einzustellen pflegte, hörte er nicht auf. Der Müller ging hinaus und sah den Knecht mit Armen und Beinen arbeiten wie noch nie. »Dreht mir doch das Rohr weg«, bat er, »sonst kann ich nicht aufhören. Diese schmale Wasserspur ist mein Verhängnis.«

Der Müller und sein Schwiegersohn aber begriffen, dass sie den Knecht nun ganz in ihrer Gewalt hatten. Sie freuten sich und ließen ihn weitermahlen. Von nun an wechselten sie ab: Bei Tag arbeitete der Alte, bei Nacht der Junge.

Der Knecht aber musste das Rad drehen ohne Ruh. Und weil es nicht immer regnete, bauten sie eine Leitung vom Bach bis auf das Dach hinauf, so lief beständig Wasser aus dem Rohr und der Knecht blieb ein Gefangener. Auch am siebenten Tag ließen sie den Knecht nicht los und zahlten ihm auch keinen Lohn aus. Ihr Gewinn stieg von Tag zu Tag und in ihrer Verblendung sangen sie ihm sogar ein Spottlied vor:

»Das Wasser kommt auf schmaler Spur,
mahle nur – mahle nur!
Ob recht es oder unrecht sei,
wir geben dich doch nicht mehr frei!«

Niemand kümmerte sich mehr um den Knecht, vergessen und von Wasserpflanzen umwuchert lag er unter dem Rade, die Mühle aber drehte sich und ihr Getriebe lief unermüdlich gleich den Wellen des Flusses. Eines Nachts – es war Hochsommer und die Luft ruhig und warm – hörte es die Frau von draußen singen. Es klang sonderbar wie von gurgelnden Wellen, die Worte aber waren:

>Das Wasser kommt auf breiter Spur,
wartet nur – wartet nur!
in dreizehn Jahren gilt das Wort,
da hole ich die Braut mir fort.«

Die Frau geriet in solche Unruhe und Angst, dass sie am Morgen anfing von dem Knecht zu reden. Er sei ihr unheimlich, wer weiß, was er im Schilde führe. Man solle ihn mit guten Worten entlassen und zwar möglichst bald. Aber da kam sie schön an. Die beiden Männer schalten sie töricht, sie solle sich nicht um Dinge kümmern, die sie nichts angingen.

Doch die Frau konnte keine Ruhe finden. Gegen Mittag ging sie zum Flussufer, wo der Knecht unter dem Rad lag. Er bemerkte sie sofort und rief: »Ach, dreh mir doch das Rohr weg!«

Ahnungslos tat es die Frau. Da sprang der Knecht mit einem Satz aus dem Wasser, richtete sich auf und wurde so groß, dass er über den Dachrand hinaufragte. Er schüttelte und reckte sich wie jemand, der Fesseln gesprengt hat. Mit stummem Entsetzen betrachtete ihn die Frau, er aber watete durch den Fluss und verschwand im Walde.

Inzwischen war die Mühle stehengeblieben. Der Alte kam heraus und war sehr ungehalten. Er weckte den Schwiegersohn und sie berieten, was nun zu tun sei. Aber da war guter Rat teuer. Sie vermochten das Mühlwerk nicht mehr in Gang zu setzen.

Der Alte schaute zu den Berggipfeln hinauf und meinte, sicher komme gegen Abend ein schweres Gewitter. Da sie in der Mühle doch nicht arbeiten könnten, sollten sie die Mehlsäcke in die nächste Stadt fahren, ehe es zu regnen anfange.

Sie beeilten sich, aber bald gewahrten sie dichtes Gewölk, das hinter den Gipfeln der Berge aufstieg. Als sie mit ihrem

Fuhrwerk die Stadt erreichten, fielen die ersten Tropfen und man hörte den Donner in der Ferne. Das Unwetter dauerte viel länger, als sie gedacht hatten und sie wurden unruhig, weil sie wussten, dass die Frau mit den Kindern allein auf der Insel war. Es dämmerte bereits, als sie aufbrachen. Hinter dem schwarzen Grat der Berge flammte unaufhörlich der Feuerschein der Blitze. Schon von weitem hörten sie durch den Regen das mächtige Brausen des hochangeschwollenen Flusses. Als sie endlich das Ufer erreichten, war der Steg fortgerissen. Sie versuchten durch laute Rufe sich mit der Frau zu verständigen, allein der tobende Fluss schien jeden Ton zu verschlingen.

»Man muss Hilfe holen«, sagte der Alte. »Bleib du hier, ich gehe in die nächste Ortschaft und hole Männer mit Stricken und Werkzeugen.«

Als er in die Ortschaft kam, schliefen die Leute schon. Sein Rufen jedoch weckte sie, Männer und Frauen stürzten aus den Häusern. Der Regen hatte aufgehört und so zündete man Fackeln an.

Inzwischen hatte der junge Müller seine Frau und die Kinder entdeckt. Vor den Fluten hatten sie sich auf das Dach geflüchtet. Nun wurde er angeseilt, ging weiter stromaufwärts und warf sich in die Flut. Es gelang ihm, das Mühlenhaus zu erreichen, doch da zeigte sich's, dass es unmöglich war, die Frau und die Kinder zugleich zu retten, »nimm die Kinder«, sagte die Frau. »Ich warte hier, bis du wiederkommst.«

Und sie gab ihm die Kinder, das eine rechts, das andere links unter die Arme. Mächtig zog ihn das Seil, auf und ab ging es durch die Flut, die Kinder verstummten im Wellenwirbel und endlich kamen sie an Land.

Zum zweiten Mal musste der Mann in den Strom hinein. Lange blieb er aus. Atemlos warteten alle auf seinen Ruf, um das Seil wieder einzuholen. Aber er rief nicht. Endlich zog man ihn wieder ans Ufer. Fackeln leuchteten in sein blasses Gesicht mit wirren Haaren. Zweimal hatte er den Strom durchquert, ohne das Mühlhaus finden zu können, jetzt war er am Ende seiner Kräfte.

Kein anderer wagte sich mehr in die Flut. Als es zu dämmern anfing, sah man, dass der Fluss die Insel überflutet und das Mühlenhaus fortgeführt hatte. Die Müllersfrau hat nie einer wiedergesehen.

Märchen aus Italien

Junker Prahlhans

Junker Prahlhans war der junge Edelknecht eines Königs. Man nannte ihn so, weil er immer viel versprach und wenig hielt. Eines Tages sprach der König zum Junker:»Hans, geh hinaus in den Wald und schieße mir zehn Vögel für meinen Tisch.« Der Junker aber sprach:»Nicht nur zehn, sondern hundert Vögel will ich dir schießen.«

»Gut«, sprach der König,»wenn du ein so guter Schütze bist, so schieße mir hundert; sollst für jeden einen Taler haben.«

Das hörte des Königs Spaßmacher. Er ging dem Junker voraus in den Wald, rief den Vögeln zu und sprach:

»Ihr Vöglein, flieget alle fort!
Junker Prahlhans kommt an diesen Ort,
möcht hundert Vögel schießen.«

Als Junker Hans in den Wald kam, konnte er keinen Vogel schießen, sie hatten sich alle versteckt. Und als er mit leeren Taschen zurück zum König kam, wurde er hundert Tage lang ins Gefängnis gesperrt, weil er sein Wort nicht gehalten hatte. Wie er wieder frei war, sprach der König zum Junker:»Hans, geh hinaus an den See und fange mir fünf Fische für meinen Tisch.« Der Junker aber sprach:»Nicht nur fünf, sondern fünfzig Fische will ich dir fangen.«

»Gut«, sprach der König,»wenn du ein so guter Fischer bist, so fange mir fünfzig; sollst für jeden einen Dukaten haben.«

Das hörte der Spaßmacher und ging dem Junker voraus an den See, rief den Fischen zu und sprach:

»Ihr Fischlein, schwimmet alle fort!
Junker Prahlhans kommt an diesen Ort,
möcht fünfzig Fische fangen.«

Als Junker Hans an den See kam, konnte er keinen Fisch fangen, denn sie waren alle ans andere Ufer hinübergeschwommen. Und als er mit leeren Taschen zurück zum König kam, wurde er fünfzig Tage lang ins Gefängnis gesperrt, weil er sein Wort nicht gehalten hatte. Wie er wieder frei war, sprach der König zum Junker:»Hans, geh hinaus ins Feld und jage mir einen Hasen für meinen Tisch.« Der Junker aber sprach:»Nicht nur einen, sondern zehn Hasen will ich dir jagen.«

»Gut«, sprach der König,»wenn du ein so guter Jäger bist, so jage mir zehn, sollst für jeden eine Dublone haben.«

Das hörte der Spaßmacher und ging dem Junker voraus ins Feld, rief den Hasen zu und sprach:

>»Ihr Häslein, springet alle fort!
>Junker Prahlhans kommt an diesen Ort,
>möcht gern zehn Hasen jagen.«

Als Junker Hans ins Feld kam, konnte er keinen Hasen jagen, denn sie waren alle fortgerannt. Und als er mit leeren Taschen zurück zum König kam, wurde er zehn Tage lang ins Gefängnis gesperrt, weil er sein Wort nicht gehalten hatte. Wie er wieder frei war, sprach der König zum Junker:»Hans, geh hinaus in den Wald und erlege mir einen Hirsch für meinen Tisch.« Da dachte der Junker an seine Tage im Gefängnis und sprach:»Ich will hingehen und schauen, ob ich einen Hirsch erlegen kann.«

Und als er hinkam, konnte er einen erlegen und brachte ihn mit Freuden dem König.

Märchen aus der Schweiz

Der Fuchs mit den goldenen Schwänzen

Es geschah einmal, dass der König zur Jagd ritt. Doch er hatte kein Jagdglück. Zuletzt lief ihm ein Fuchs über den Weg. Da sprach der König:»Diesen Fuchs werde ich schießen, er ist zwar kein edles Wild, doch sein Balg reicht mir für einen Kragen oder eine Jagdtasche.« Doch da sprach der Fuchs zu ihm:»König, lasst mich doch leben. Ich verspreche Euch, alle wilden Tiere nach Stuttgart zu bringen.« – »Gut«, sprach der König,»in sieben Wochen erwarte ich Euch!« Der König ritt seines Weges und der Fuchs ging fröhlich seines Weges.

Wie er so ging, sah er von ferne den Wolf kommen. Kaum sah er den Wolf, fing er an zu tanzen und zu singen und zu springen. Erstaunt blieb der Wolf stehen und fragte:»Was ist denn mit dir los, so gut geht es uns wilden Tieren ja nicht, dass man sich so aufführen muss.« – »Denke dir nur, Wolf«, rief der Fuchs,»ich habe den König getroffen, er hat mich nach Stuttgart eingeladen und wird mir dort den Schwanz vergolden.« – »Was«, rief der Wolf. Er sah an sich hinab und dachte, wenn seine Rute vergoldet wäre, würde ihn das auch gut kleiden. »Nimm mich doch mit, lieber Fuchs, wir sind ja Verwandte, wir sind ja Vetterle. Ich werde dir auch immer dankbar sein.« Und sogleich überreichte der Wolf dem Fuchs ein frisch gefangenes Göckele.»Gut«, sprach der Fuchs,»in sieben Wochen erwarte ich dich hier beim Kloster Bebenhausen, und dass du es niemand weiter erzählst.« – »Von mir erfährt es niemand«, antwortete der Wolf.

Nach dem Wolf begegnete der Fuchs dem Bären. Und auch der Bär, als er hörte, dass der Fuchs beim König einen goldenen Schwanz bekommen würde, dachte, dass, wenn sein Stummelschwänzchen vergoldet wäre, es etwas mehr hermachen würde. Also schenkte er dem Fuchs eine frische Honigwabe und versprach, in sieben Wochen zum Kloster Bebenhausen zu kommen.

Nach dem Bären begegnete der Fuchs dem wilden Eber. Wie der Eber die ganze Geschichte hörte, dachte er, wenn er mit nach Stuttgart ginge, würde ihm der König auch noch die Hauer vergolden lassen. Also schenkte er dem Fuchs ein frisch gefangenes Häslein, versprach niemand etwas zu erzählen und in sieben Wochen nach Bebenhausen zu kommen.

Weil das Ganze ein Geheimnis war, ging die Kunde von Maul zu Maul und von Schnauze zu Schnauze. Als der Fuchs nach sieben Wochen zum Kloster Bebenhausen kam, war der Platz voll mit allen wilden Tieren des Waldes. Stolz schritt der Fuchs an der Spitze des Zuges nach Stuttgart ein. Die wilden Tiere, die alle einen goldenen Schwanz wollten, sahen nicht die Käfige, die für sie bereit standen. Sie tappten hinein und hinter ihnen wurde zugeriegelt. Der Fuchs aber wurde mit Ehren, Orden und reich beschenkt entlassen.

Es gibt immer noch viele Füchse, die goldene Schwänze versprechen, und sie finden immer noch viele, die hinter ihnen herziehen!!! –

Märchen aus Schwaben

Das Wassermännle
in der Donau

In der Donau lebte einmal ein Wassermännle. Nun ging dahin immer ein Mädchen, das Bärbele, und wusch dort ihre Wäsche. Jedes Mal kam dann das Wassermännle herbeigeschwommen, unterhielt sich mit dem Bärbele, brachte ihr auch allerhand Geschenke, eine Korallenkette und ein Perlenarmband. Das gefiel dem Bärbele sehr wohl.

Eines Tages nun brachte das Wassermännle dem Bärbele einen Ring. Das Bärbele steckte den Ring gleich auf seinen Finger und da rief das Wassermännle: »Du hast meinen Ring angenommen, jetzt bist du meine Braut und in sieben Wochen werde ich kommen und dich heiraten und du musst dann zu mir in die Donau hinab.«

Jetzt war die Not groß. Das Bärbele weinte, es wollte nicht in die Donau hinab und das Wassermännle wollte es auch nicht zum Manne, denn er war ein hässlicher Kerl. Außerdem hatte er wie alle Wassermänner, die Füße nach hinten und nicht nach vorne wie wir Menschen.

So einen wollte das Bärbele wirklich nicht. Und alle überlegten, wie man dem Bärbele helfen könne, aber keiner wusste Rat.

Nun fehlten nur noch drei Tage zu den sieben Wochen. Da sprach das Wassermännle: »Wenn du in drei Tagen meinen Namen weißt, brauchst du mich nicht zu heiraten und musst nicht zu mir in die Donau.«

Bei sich aber dachte er, die bringt doch nicht heraus, wie ich heiße.

Nun lebte am Ende des Dorfes eine alte Frau, die wusste mehr als andere Leute. Viele hielten sie auch für eine Hexe. Zu der ging das Bärbele in ihrer Not, um Rat zu holen.

Als die Alte alles gehört hatte, sprach sie: »Es ist gut, dass heute Neumond ist, denn nur in diesen Nächten erscheinen die Wassermännle, um zu singen. Geh, wenn es dunkel ist, an die Donau. Verstecke dich dort in den Weiden und wenn die Uhr zwölf Uhr geschlagen hat, merke gut auf, was auf der Donau passiert.«

Als es nun dunkel war, ging das Bärbele zur Donau und versteckte sich in dem Weidengebüsch. Die Uhr schlug zehn, sie schlug elf und sie schlug zwölf. Als der letzte Schlag verklungen war, hörte das Bärbele, wie es auf der Donau plitscherte und platscherte. Und sie hörte das Wassermännle singen:

»Oh, oh, oh, wie gut,
dass des Bärbele net weiß,
dass i Konrädle heiß.«

Da fiel dem Bärbele ein Stein vom Herzen und es ging fröhlich nach Hause.

Am nächsten Morgen kam das Wassermännle, angezogen wie ein Bräutigam, und hatte einen Rosmarinstrauch am Frack.

»Gell«, rief er, »du weißt nicht, wie ich heiße!«

»Freilich weiß ich das«, sprach das Bärbele. »Du bist das Konrädle.«

Da wurde das Wässermännle böse. Es stampfte mit dem Fuß auf den Boden und rief: »Du bist doch eine Hexe, dass du das herausgebracht hast!«

Dann lief es zornig fort, schwamm die Donau hinab und wohnt jetzt im Schwarzen Meer.

Märchen aus Schwaben

Das Kätzchen
mit den Stricknadeln

Eine arme Frau ging in den Wald, um Holz zu sammeln, und auf dem Rückweg, sah sie ein krankes Kätzchen hinter einem Zaun liegen, das kläglich schrie.

Die arme Frau nahm es mit und trug es nach Hause.

Auf dem Weg kamen ihr ihre beiden Kinder entgegen, und sahen, dass die Mutter etwas trug und fragten sie: »Mutter, was trägst du?«

Sie wollten gleich mit dem Kätzchen spielen, aber die Mutter gab es ihnen nicht, die Kinder könnten es quälen.

Sie legte das Kätzchen zu Hause auf alte, weiche Lumpen, gab ihm Milch zu trinken und als es wieder ganz gesund war, war es mit einem Mal fort und verschwunden.

Nach einiger Zeit ging die arme Frau wieder in den Wald und als sie auf dem Rückweg war und wieder an die Stelle kam, wo das kranke Kätzchen gelegen hatte, da stand eine ganz vornehme Dame dort, winkte die arme Frau zu sich und warf ihr fünf Stricknadeln in die Schürze.

Abends legte sie die fünf Stricknadeln zu Hause auf den Tisch.

Als sie am anderen Morgen aufstand, da lag auf dem Tisch ein Paar der schönsten Strümpfe dort. Sie wusste, dass das der Lohn wegen dem kranken Kätzchen war.

Sie ließ die Nadeln nun jede Nacht stricken, bis sie und die Kinder genug Strümpfe hatten. Dann verkaufte sie auch Strümpfe, und sie mussten nie wieder Not leiden.

Märchen aus Thüringen

Die Geschichte
von dem halben Hahn

In einem Dorfe an der Küste des Meeres lebte mit seinen beiden Kindern, Janneken und Mieken, ein armer Fischer. Als der nun starb, denn er war schon sehr alt, standen die beiden Kinder ganz allein in der weiten Welt, Verwandte hatten sie keine. Als sie den alten Vater begraben hatten, wollten sie die Erbschaft teilen. Die war nun nicht sehr groß. Zwei Hühner und ein Hahn! Das war alles. Jeder bekam ein Huhn. Wie sollten sie nun aber den Hahn unter sich teilen?

»Wir wollen den Hahn durchschneiden, jeder bekommt dann die Hälfte«, sagte Mieken.

Und das taten sie. Janneken bekam die Hälfte mit dem Kopf, Mieken die mit dem Schwanz.

Mieken rupfte ihren Teil, tat ihn in den Topf und ließ ihn sich gut schmecken.

Die Patin Jannekens aber war eine Hexe, die kam plötzlich durch den Schornstein in die Hütte und sagte zu ihrem Patenkinde:

»Tue deine Hahnenhälfte nicht in den Topf. Ich will sie verzaubern und dann wird sie dir alles tun, was du nur wünschest.«

Die Hexe nahm ihren Zauberstab, bestrich die Hahnenhälfte damit und murmelte dabei allerlei Zaubersprüche.

Dann verschwand sie wieder durch den Kamin.

»Das alles ist ja gut und schön«, sagte Janneken zu Mieken, »aber was sollen wir nun mit der Hahnenhälfte machen?«

Mieken, die sehr schlau war, sagte: »Wenn wir Geld haben, können wir alles. Wir wollen den halben Hahn in das Schloss des Herrn van Bruinkasteel schicken, da soll er uns drei Säcke mit Goldstücken holen.«

Und der halbe Hahn machte sich sofort auf den Weg. Unterwegs begegnete er zwei Dieben. Die fragten ganz erstaunt: »Halber Hahn, wohin des Weges?«

»Ins Schloss des Herrn van Bruinkasteel.«

»Können wir dich begleiten?«

»Ja, ja, kriecht nur unter meine Federn.«

Und so gut es ging versteckten sich die beiden Diebe unter den Federn des halben Hahnes.

Kurze Zeit darauf begegneten dem halben Hahn zwei Füchse. Die fragten ihn ganz erstaunt: »Halber Hahn, wohin des Weges?«

»Ins Schloss des Herrn van Bruinkasteel.«

»Können wir dich begleiten?«

»Ja, ja, versteckt euch nur unter meinen Federn.«

Das taten die beiden Füchse.

Nach einiger Zeit kam der halbe Hahn an einem großen Wasser vorbei. Das stellte dieselben Fragen an ihn und wollte auch mit. Der halbe Hahn hatte nichts dagegen und – gluck, gluck – verschwand das Wasser unter seinem Gefieder.

Bald war der halbe Hahn an dem Schloss angekommen. Er klopfte an die Tür und sagte dem Diener, der ihm öffnete: »Saget Eurem Herrn, dass er mir gleich drei Säcke mit Goldstücken gebe.« Der Diener brachte dem Herrn die Botschaft, der aber befahl, den halben Hahn in den Hühnerhof zu den andern Hühnern zu sperren.

Das tat der Diener.

Als es Nacht war, sagte der halbe Hahn zu den beiden Füchsen:

»Nun fresset alle Hühner auf.« Das taten die beiden Füchse nur zu gern.

Als am andern Morgen der Diener kam und sah, was in der Nacht geschehen war, eilte er zu seinem Herrn, um ihm alles zu erzählen. Der sagte:

»Fanget den halben Hahn und sperrt ihn in den Pferdestall.«

Das tat der Diener.

In der Nacht aber rief der halbe Hahn die beiden Diebe, die schwangen sich auf die besten Pferde und jagten davon.

Der Diener aber hatte sich im Stalle versteckt gehalten und alles wohl gesehen. Er erzählte es seinem Herrn und der befahl, den halben Hahn in einen glühenden Ofen zu tun.

Aber kaum war der halbe Hahn in dem Ofen, da strömte das Wasser unter seinen Federn weg und im Augenblick war das Feuer erloschen. Der halbe Hahn aber krähte lustig.

Da sagte der Herr van Bruinkasteel:

»Gebet dem verfluchten Tier, was es haben will, sonst verdirbt es mich und mein ganzes Haus.«

Und der halbe Hahn bekam die drei Säcke mit Goldstücken und eilte wieder nach Hause. Janneken und Mieken waren nun sehr reich, lebten lustig und ohne Sorgen noch viele, viele Jahre. Der halbe Hahn aber war immer bei ihnen und wurde von ihnen gehegt und gepflegt.

Märchen aus Flandern

Der weissagende Schimmel

Es lebte einmal ein reicher Mann, der hatte drei Söhne. Er besaß auch eine große Mühle, einen reichen Bauernhof und einen Schimmel. Von dem Schimmel aber ging die Sage, dass dieser die Zukunft voraussagen und mit menschlicher Stimme sprechen könne. Als nun der reiche Mann starb, erbte sein ältester Sohn die Mühle und wurde ein Müller. Der Zweite erbte den Hof und wurde ein reicher Bauer. Der Jüngste aber erbte den Schimmel. Da beschloss der Jüngste, auf dem Schimmel in die weite Welt zu reiten. Lange Zeit ritt er in der Welt umher. Eines Tages kam er zum Fuße eines großen Gebirges. Da sah er am Wegesrand eine Feder liegen. Diese war purpurrot und ihre Spitzen aus reinem Silber. Da sprach der Jüngling: »Diese Feder werde ich aufheben und als Schmuck an meinen Hut stecken.« Doch da fing der Schimmel mit menschlicher Stimme an zu sprechen: »Höre auf meinen Rat, heb diese Feder nicht vom Grunde!«

Da sprach der Jüngling: »Ich weiß nicht, weshalb ich diese Feder liegenlassen soll, doch werde ich deinen Rat befolgen.« Er ritt weiter ins Gebirge. Da sah er am Wegesrand wieder eine Feder liegen. Diese war aus Silber und ihre Spitzen aus purem Gold. Da rief er wieder: »Diese Feder werde ich aufheben!« Doch wieder sprach der Schimmel: »Höre auf meinen Rat, heb diese Feder nicht vom Grunde!«

Der Jüngling antwortete: »Ich weiß zwar wiederum nicht, weshalb ich die Feder nicht aufheben soll, doch werde ich dir nochmals gehorchen.« Weiter ritt er des Weges und er kam vor die Tore einer großen Stadt. Da sah er am Wegesrand wieder eine Feder liegen. Diese war aus purem Gold und ihre Spitze war aus Diamanten. Da rief der Jüngling: »Diese Feder aber werde ich aufheben!« Doch wieder sprach der Schimmel: »Höre auf meinen Rat, heb diese Feder nicht vom Grunde!«

Doch der Jüngling antwortete: »Zweimal habe ich auf deinen Rat gehört, doch diese Goldfeder mit den Diamantspitzen ist so herrlich, dass ich sie unbedingt besitzen möchte!« Er stieg vom Pferd, hob die Feder auf und steckte sie an seinen Hut. Er ritt nun durch das Tor der Stadt. Kaum war er aber hindurchgeritten und die Bewohner der Stadt erblickten die Feder, da riefen sie: »Vivat! Hoch! Unser neuer König soll leben!« Sie führten ihn in das königliche Schloss und sprachen: »Unser König ist verstorben. Das Zeichen, wer unser neuer König werden soll, war folgendes: Wer mit der goldenen Feder durch das Tor kommt, der sei der Richtige.«

Er wurde nun gekrönt und verheiratete sich mit der Tochter des verstorbenen Königs und lebte lange Zeit sehr glücklich. Eines Tages ging er in die königlichen Ställe. Als er zu dem Schimmel kam, erinnerte er sich wieder an die Federn und er sprach: »Weshalb hast du mir auch abgeraten, die dritte Feder aufzuheben. Sie ist doch mein Glück geworden?«

Da antwortete der Schimmel: »Wenn du die erste Feder aufgehoben hättest, wärst du ein Graf geworden. Hättest du die zweite Feder aufgehoben, wärst du ein Herzog geworden. Hättest du die dritte Feder liegenlassen, hätten wir oben an der Spitze des Gebirges eine Feder liegen sehen. Diese wäre aus reinen Diamanten gewesen und ich hätte dann zu dir gesagt: Diese Feder hebe vom Grunde. Du wärst dann ein mächtiger Kaiser geworden, der mächtigste Herrscher der Welt und in deinem Reich wäre die Sonne nie untergegangen.« Der junge König überlegte kurze Zeit, dann sprach er: »Wäre es denn wirklich mein Glück gewesen, wenn ich der mächtigste Herrscher der Welt geworden wäre, wenn in meinem Reich die Sonne nicht untergegangen wäre? Zum Tag gehört auch die Nacht.«

Der junge König ging zurück ins Schloss zu seiner Königin, er lebte mit ihr und dem Schimmel glücklich und zufrieden bis zum Ende ihrer Tage.

Märchen aus Holland

Drei kleine Schweine

In den Zeiten von Adam Riese
spazierten die Schweine im Frack über die Wiese.
Die Esel trugen Chapeau claque,
die Hennen nahmen Schnupftabak,
nur die Enten machten schon damals
nichts andres als quack, quack, quack.

Es war einmal eine alte Sau mit drei kleinen Schweinchen und als sie genug davon hatte, sie durchzufüttern, schickte sie sie in die weite Welt, damit sie dort ihr Glück suchen.

Das erste Schweinchen ging fort, und es traf einen Mann mit einer Garbe Stroh. Da sprach es: »Guter Mann, gebt mir doch bitte dieses Stroh. Ich will mir ein Haus daraus bauen.«

Der Mann gab ihm die Strohgarbe und das Schweinchen baute ein Haus.

Kurz darauf kam der Wolf des Weges, klopfte an und sprach:

»Kleines Schwein, kleines Schwein,
bitte, bitte, lass mich ein.«

Das Schweinchen antwortete:

»Nein, nein, nein,
dich lass ich nie herein.«

Der Wolf sprach:

»Dann blas ich dich weg
und dein Haus ist ein Dreck.«

Und er blies das Strohhaus fort und fraß das arme kleine Schweinchen auf.

Das zweite kleine Schweinchen traf einen Mann mit einer Last Ginsterzweige. Da sprach es: »Guter Mann, schenkt mir den Ginster. Ich will mir damit ein Haus bauen.«

Der Mann schenkte ihm den Ginster und das kleine Schweinchen baute sich daraus ein Haus. Auch zu ihm kam der Wolf und sprach:

»Liebes kleines Schwein,
bitte schön, lass mich ein.«
Und das Schweinchen antwortete:
»Nein, nein, nein,
dich lass ich nie herein.«
Darauf der Wolf:
»Dann blas ich dich einfach weg
und dein Haus ist ein Dreck.«

Der Wolf tat, wie er gesagt hatte. Er blies das Haus fort und fraß das kleine Schwein.

Das dritte kleine Schwein traf einen Mann mit einer Last Ziegelsteine. Da bat das Schweinchen: »Bitte, guter Mann, gebt mir die Steine, ich will mir ein Haus daraus bauen.«

Der Mann schenkte ihm die Steine und das Schweinchen baute sich ein Haus. Auch zu ihm kam der Wolf und rief:

»Liebes kleines Schwein,
bitte schön, lass mich rein.«
Und das Schweinchen antwortete ihm:
»Nein, nein, nein.
Hier kommst du mir nicht herein.«
Darauf wieder der Wolf:
»Dann blas ich dein Haus dir weg
und du sitzt im Dreck.«

Der Wolf blies und blies, aber das Haus blieb stehen. Und als er erkannte, dass er so viel blasen konnte, wie er wollte, sprach der Wolf: »Kleines Schwein, ich kenne da einen Acker, auf dem wachsen Rüben.«

»Wo?«, fragte das kleine Schwein.

»Im Gemüsegarten von Mr. Smith. Wenn es dir recht ist, komme ich morgen früh vorbei. Dann gehen wir zusammen hin und holen uns Rüben für ein Mittagsmahl.«

»Gut« erwiderte das kleine Schwein. »Das lässt sich hören. Wann wollen wir aufbrechen?«

»Sagen wir um sechs Uhr.«

Nun, das kleine Schweinchen stand schon um fünf Uhr auf und holte die Rüben, ehe der Wolf kam. Der war um sechs zur Stelle und fragte: »Schweinchen, bist du bereit?«

Und das kleine Schwein sprach: »Bereit? Ich bin schon dort gewesen und wieder zurück und Rüben genug für ein gutes Essen habe ich auch mitgebracht.«

Da wurde der Wolf sehr zornig, aber er schwor sich, irgendwie das kleine Schwein schon noch dranzukriegen, und er sagte: »Kleines Schwein, ich weiß einen Apfelbaum.«

»Wo?«, fragte das kleine Schwein.

»Unten in Merrygarden«, erwiderte der Wolf, »und wenn du mich nicht wieder betrügst, werde ich morgen um fünf Uhr zur Stelle sein und geh dann mit dir zusammen die Äpfel holen.«

Nun, das kleine Schweinchen stand am nächsten Morgen schon um vier Uhr auf und lief zu dem Baum und dachte: Bis der Wolf kommt, bin ich längst wieder daheim. Aber diesmal war der Weg länger und es war schwieriger, den Baum hinaufzuklettern, und als es gerade wieder heruntersteigen wollte, sah es den Wolf kommen, der – wie ihr euch denken könnt – sehr wütend war. Als der Wolf herangekommen war, sagte er: »Kleines Schwein, du bist ja schon vor mir da: Sind die Äpfel gut?«

»Sehr gut«, sagte das kleine Schwein. »Ich werfe dir einen herunter.«

Es warf aber den Apfel so weit weg, dass der Wolf ein ganzes Stück laufen musste und unterdessen kam es rasch vom Baum herab und lief – haste nicht gesehen – heim.

Am nächsten Tag schaute der Wolf wieder vorbei und sagte zu dem kleinen Schwein: »Kleines Schwein, in Shanklin ist heute Nachmittag Jahrmarkt, kommst du mit?«

»Warum nicht«, sagte das Schwein. »Wann wollen wir denn aufbrechen?«

»Sagen wir um drei«, sprach der Wolf. Und wieder brach das Schweinchen vor der verabredeten Zeit auf. Es ging auf den Jahrmarkt und kaufte ein Butterfass. Dann lief es heim und als es den Wolf kommen sah, versteckte es sich in dem Gefäß. Das Butterfass mit dem Schweinchen drinnen stürzte um und rollte den Hügel hinab. Der Wolf aber erschrak so sehr, dass er heimlief, ohne noch auf den Jahrmarkt zu gehen. Er ging zum Haus des Schweinchens und erzählte dem kleinen Schwein, wie sehr er doch über dieses große runde Ding erschrocken sei, das an ihm vorbei den Hügel heruntergerollt war.

Da sprach das kleine Schwein: »Ha, hab' ich dir Angst eingejagt? Ich bin auf dem Jahrmarkt gewesen und habe ein Butterfass gekauft und als ich dich kommen sah, bin ich hineingeklettert und darin den Hügel hinuntergerollt.« Da wurde nun der Wolf sehr wütend und schwor Stein und Bein, er werde das kleine Schwein auffressen. Jetzt komme er durch den Schornstein zu ihm ins Haus. Als das Schweinchen sah, dass der Wolf ernst machte, füllte es einen Topf mit Wasser, machte ein loderndes Feuer und hängte den Topf in den Rauchfang und gerade als der Wolf herabkam, nahm es den Deckel ab und der Wolf fiel in den Topf. Dann legte das kleine Schwein den Deckel wieder auf den Topf und bald war der Wolf im Topf tot. Das kleine Schwein aber ließ sein Fleisch gar kochen und verspeiste ihn dann zum Abendessen und danach lebte es noch viele Jahre glücklich und in Freuden.

Märchen aus England

Dermot mit dem Liebesfleck

Einst, in alter Zeit, zogen in Erin vier Männer auf die Jagd. Dermot, Goll, Conan und Oscar waren ihre Namen. Kampferfahrene, starke, kluge Männer waren es. Sie gehörten der Fianna an, jener Mannschaft, deren Anführer der große Finn McCumhail war. Die vier Männer vergaßen sich, von der Leidenschaft des Jagdfiebers fortgerissen, und die sinkende Dämmerung überraschte sie weit vom Lager der Fianna entfernt. Mit Einbruch der Dunkelheit hatte es zu regnen begonnen und wenn dies auch Männer waren, die im Krieg, ohne zu murren, bei jedem Wetter im Freien nächtigten, so fragten sie sich doch, warum sie die langen Stunden der Finsternis trübselig unter triefenden Bäumen hocken sollten, wenn vielleicht gar nicht weit entfernt ein Strohdach auf sie wartete. Sie machten sich also auf die Suche nach einer menschlichen Behausung und nach einiger Zeit entdeckten sie in einem schmalen Tal, das keiner von ihnen je zuvor betreten hatte, eine einsame Hütte, aus deren Schornstein Rauch aufstieg.

Dermot stieß schon von weitem den Ruf der Freundschaft aus, um den Bewohnern zu verstehen zu geben, dass sie nichts zu befürchten hätten.

Ein alter Mann trat aus der Hütte. Er begrüßte die Fianna-Männer freundlich und hieß sie herzlich willkommen, als sie ihn um ein Quartier für die Nacht baten. So traten die vier über die Schwelle. Hell lohte drinnen das Herdfeuer, vor das sie hintraten, um ihre Kleider zu trocknen.

Der Alte wohnte nicht allein in der einsamen Hütte. Ein junges Mädchen war bei ihm. Sie hatte kupferrotes Haar, schöne runde Brüste und auf ihrem Gesicht lag ein seltsam weiches, zärtlich verlockendes Lächeln, das die Männer ihre Brauen heben und mehr als einmal zu ihr hinsehen ließ.

Außerdem beherbergte die Hütte auch noch eine Katze und einen prächtigen Hammel.

Der Hammel lag ruhig, schwer in einer Ecke und glotzte die Gäste aus großen, dummen Augen an.

Die Katze hatte sich ihren Ruheplatz nicht weit von der Feuerstelle an der Kaminwand gesucht. Sie hielt die Augen halb geschlossen und schnurrte zufrieden vor sich hin.

Das junge Mädchen hängte sogleich einen großen Topf über das Feuer und auf den weiß gescheuerten Tisch, der mitten im Raum stand, stellte sie vier hölzerne Schalen und daneben legte sie die Löffel. Ein würziger Geruch stieg aus dem Topf und den hungrigen Fianna-Männern lief das Wasser im Mund zusammen. Endlich war es soweit. Eine kräftige Bohnensuppe dampfte auf dem Tisch und das Mädchen lud die Gäste ein, Platz zu nehmen und zuzugreifen.

Die Männer ließen sich das nicht zweimal sagen. Sie setzten sich selbstbewusst auf die Schemel um den Tisch und wollten sich gerade eine reichliche Portion schöpfen, da erhob sich plötzlich der Hammel, nahm einen kurzen Anlauf und sprang mit einem Satz auf den Tisch, doch so geschickt, dass dabei weder der Topf noch die Teller umgestoßen wurden. Dermot schüttelte unwillig den Kopf. Ehe sie essen konnten, musste das Tier wieder herunter.

Der scharfe Gestank des Hammels störte ihn.

Der alte Mann und seine Tochter machten sich unterdessen in einem Nebenraum zu schaffen, wohl um den Gästen das Nachtlager zu richten.

Ärgerlich versuchten die Fianna-Männer, den Hammel vom Tisch zu stoßen. Jedes Mal, wenn sie zupackten und das störrische Tier stießen, schlug es so kräftig aus, dass die Männer torkelten, ja schließlich selbst zu Boden fielen.

Endlich glückte es Goll, den Hammel mit einem überraschenden Ruck vom Tisch zu werfen. Aber das sollte den vier Gefährten schlecht bekommen.

Bis jetzt hatte der Hammel mit ihnen gespielt. Nun aber wurde er wütend und teilte nach allen Seiten so harte Stöße aus, dass nach wenigen Augenblicken alle vier stolzen Fianna-Männer mehr oder minder ächzend auf dem Rücken lagen. Goll hatte der Hammel gar seine beiden Vorderpfoten triumphierend auf die Brust gesetzt.

Wie nun die Männer sich recht jammervoll auf dem Boden wälzten, erschien aus dem Nebenraum der Alte! »Sieh da«, sprach er, »euch ist es wohl schlecht ergangen. Katze, warum hast du das zugelassen? Komm, binde den dummen Hammel fest, damit er nicht noch mehr Unheil anrichtet.«

Die Katze hatte neben dem Herd gelegen, eingesponnen in warmes Wohlbehagen. Auf die Worte des Alten sprang sie mit einem Satz dem Hammel in den Nacken, krallte sich in sein Ohr und lenkte ihn in seinen Winkel zurück, wo sie ihm mit wenigen geschickten Bewegungen einen festen Strick so um seine Hörner wand, dass er sich nicht mehr von der Stelle zu rühren vermochte. Die vier Fianna-Männer erhoben sich. Sie rieben ihre Beulen, blauen Flecke und murmelten leise Flüche vor sich hin.

Dermot aber sprach zu dem Alten: »Wir wollen nicht länger bei Euch bleiben. Noch nie sind wir derart erniedrigt worden ... von einem Hammel! Und das auch noch vor den Augen eines schönen Mädchens. Wir danken Euch für Eure Bereitwilligkeit, uns Gastfreundschaft zu erweisen. Aber Euer Haus muss verhext sein. Offenbar sind wir nicht die rechten Männer, mit diesem Zauber fertig zu werden. Lieber wollen wir in Regen und Dunkelheit lagern, als uns womöglich noch weitere Erniedrigungen einzuhandeln.«

Der Alte lachte leise, hob seine Hand und sprach: »Beruhigt euch, Fianna-Männer. Ihr braucht euch nicht zu schämen. Kein gewöhnlicher Hammel hat euch zu Boden geworfen. Auch die Katze, die euch an Kraft und Geschicklichkeit übertroffen hat, ist keine gewöhnliche Katze. Bleibt also ruhig unter diesem Dach, bis die Nacht vorüber ist. Diese Niederlage eben wird eurem Ruf als starke tapfere Krieger nicht abträglich sein.«

»Ja, bleibt«, fügte das Mädchen hinzu und sie blickte dabei Dermot mit ihren Sternaugen bittend an. Dermot senkte den Kopf. Der Macht dieser Augen war schwer zu widerstehen.

Doch Goll war nicht so rasch zu beschwichtigen, weder von einem alten Mann noch von einem schönen Mädchen.

»Nein«, rief er zornig, »mit ein paar guten Worten und einem schönen Blick kann diese Schmach nicht getilgt sein. Wir verlangen genau zu wissen, wer es ist, vor dem unsere Kräfte so erbärmlich versagten?«

»Ich hätte es euch lieber verschwiegen«, antwortete der Alte, »aber wenn ihr so schwer gekränkt seid, will ich Licht in das Geheimnis bringen, in der Hoffnung, es möge euch nicht noch mehr beunruhigen. Der Hammel – das ist die Welt. Sie ist stärker als selbst vier Fianna-Männer zusammen. Ihr unterlegen zu sein, braucht sich niemand zu schämen. Und die Katze? Nun, die Katze allerdings ist das einzige Wesen, dem selbst die ganze Welt nicht standzuhalten vermochte. Die Katze nämlich, das ist der Tod.«

»Der Tod!«, rief Oscar erschreckt.

»Der Tod«, sprach Dermot entsetzt, »Männer, lasst uns eilig gehen.«

»Fürchtet euch nicht«, sprach der Alte weiter, »solange ihr unter diesem Dach wohnt, schläft der Tod. Kommt jetzt, es ist spät. Ich will euch euer Nachtlager zeigen. Wir haben nur drei Räume unter diesem Dach. Dort unter dem Verschlag stehen die Schafe. Hier, in dem großen Raum, wo das Feuer wärmt, schlafe ich, denn ich bin der Herr des Hauses. Ich bin uralt und brauche die Wärme. Ihr müsst also mit dem dritten Raum vorliebnehmen, in dem meine Tochter schläft. Dort haben wir euch ein Strohlager bereitet. Das Bett des Mädchens steht neben der Tür. Vier Fianna-Männer sind wohl über jeden Zweifel erhaben, der Ehre eines unschuldigen jungen Mädchens zu nahe zu treten. Kommt jetzt. Ihr werdet müde sein.«

Die vier Gefährten taten, wie ihnen geheißen, und fanden nebenan eine Schütte duftenden Gerstenstrohs, darauf legten sie sich nieder.

Sie wären wohl aber keine gesunden kräftigen Männer gewesen, wenn die Erwartung darauf, dass ein schönes junges Mädchen sich bald darauf in derselben Kammer, nur wenige Schritte von ihnen entfernt, zur Ruhe legen würde, sie nicht wach gehalten und ihnen eine große Unruhe ins Blut geträufelt hätte.

Nach einiger Zeit hoben die vier Gefährten erstaunt ihre Köpfe. Im bisher nachtschwarzen Raum erstrahlte ein weiches, alles durchdringendes Licht und sie erkannten, dass dieser Glanz von dem Mädchen ausging, das eben eingetreten war, sich auskleidete und sich anschickte, ins Bett zu gehen.

Eine Weile verhielten sich die vier Gefährten ganz ruhig. Ein jeder hoffte, die anderen seien schon eingeschlafen. Goll war der Erste, über den das Verlangen Gewalt gewann. Vorsichtig erhob er sich, schlich zu dem Bett des Mädchens hin und flüsterte: »Lass mich zu dir, schöner Glanz. Ich will, dass du mein wirst. Ohne deine Liebe finde ich keinen Schlaf!« Das Mädchen sah ihn mit ihren weichen verlockenden Augen an und flüsterte: »O Goll, einmal habe ich dir gehört, aber nie, nie wieder darf es geschehen. Ich weise dich ab. Geh und leg dich wieder auf dein Lager.«

Zähneknirschend tappte Goll zurück und warf sich aufs Stroh. Wieder war es eine Weile still. Dann versuchte Oscar sein Glück.

Er war noch nicht bei dem Bett des Mädchens angelangt, da hörte er auch schon eine sehr bestimmte Stimme sagen:

»Auch dich kann ich nicht lieben, Oscar. Auch deine Liebste bin ich schon einmal gewesen. Aber das ist vorbei und wird nie wieder sein.«

Wiederum nach einer Weile stand Conan auf und schlich sich dorthin, wo er das Bett des Mädchens vermutete. Er meinte, es besonders schlau anzustellen, und sagte schmeichelnd: »Schöne Feenprinzessin. Niemand belauscht uns. Unwiderstehlich ist deine Anmut. Du bist schön wie die Morgenwolke über dem Slive Bilom. Wenn du dich mir hingibst, will ich dein Lob singen bis an mein Lebensende.«

»Lieber Conan«, antwortete das Mädchen, »deines Lobes bedarf ich nicht. Ich bin, wie ich bin, ob mit oder ohne dein Lob. Ich mag dich nicht mehr, nachdem ich dir einmal gehört habe.«

Conan war verwirrt. Er knurrte zwar einen Fluch, aber was sollte er machen. Liebe lässt sich nicht erzwingen. Also stampfte er wieder zu seinem Strohlager zurück.

Dermot lag auch noch wach. Er dachte: Wenn sie alle anderen abgewiesen hat, kann ich mir wohl noch eine Hoffnung machen. Also stand er auf und schlich zu dem Bett. Das, was er dort sah, verschlug ihm den Atem.

Das Mädchen hatte sich aufgerichtet. Ihr kupferrotes Haar fiel über ihre schönen runden Brüste. Sie streckte die Arme nach ihm aus. Doch dabei flüsterte sie: »Dermot, mein Liebster, mein Schönster. Auf dich warte ich. Wie gern würde ich mich dir hingeben, aber auch dir muss ich mich versagen, denn nie kehre ich zu jenen zurück, die mich schon einmal besessen haben. Um das zu begreifen, musst du wissen, wer ich in Wahrheit bin und wie ich heiße. Mein Name ist Jugend. Deshalb gehöre ich jedem Menschen nur einmal. Aber dich liebe ich, Dermot, und es fällt mir schwer, dich abzuweisen. Nicht ohne ein Zeichen meiner Gunst sollst du von mir gehen. Komm, beuge deinen Kopf zu mir herunter.«

Dermot gehorchte. Das Mädchen strich ihm mit einer zärtlichen Bewegung über die Stirn und sagte: »Ein Mal habe ich auf deine Stirn gezeichnet, Liebster. Fortan wird kein Mädchen und keine Frau dich anschauen können, ohne dich zu lieben. Und jetzt geh, Dermot, lass mich allein.«

Sie beugte sich zurück. Der Glanz erlosch und im Dunkeln tastete sich Dermot zurück zu seiner Schlafstätte. Er tat kein Auge mehr zu in dieser Nacht, so müde er auch war.

Aber fortan vermochte kein Mädchen Dermot zu widerstehen. Wenn er nur ein Mädchen oder eine Frau anblickte, fiel sie ihm zu, wie das Gras vor der Sichel fällt, und deswegen hieß Dermot O'Dyna von dieser Nacht an »der mit dem Liebesfleck«.

Märchen aus Irland

Die Geister der Johannisnacht

Mein Onkel, der ein Schmuggler war, hatte einmal einen adligen Herrn, an dessen Namen ich mich nicht mehr erinnere, nach Spanien gebracht. Die Reise war glücklich verlaufen, der adlige Herr hatte Frankreich über die Berge von Saint-Jean-Pied-de-Port verlassen, einer Stadt, die im Baskenland liegt. Ganz allein kehrte mein Onkel zurück. Er passierte die Gegend, die man Les Landes nennt. Er kam durch weite Fichtenwälder. Fünfzig ehrlich verdiente Goldstücke trug er gut versteckt bei sich. Es war am Abend des Johannistages. Es mochte gegen acht Uhr gewesen sein.

Auf einmal hörte mein Onkel hinter sich ein Geräusch wie von klirrendem Eisen und Hufschlag von galoppierenden Pferden. Er dachte, dass dies wohl die Wachtposten von der Grenze wären. Er sah zu, dass er von der Landstraße weg kam, und verbarg sich in aller Eile im Gebüsch. Die Grenzposten ritten in gestrecktem Galopp vorbei und verschwanden in eine andere Richtung. Da dachte mein Onkel: Sicher sind diese Leute nicht hinter mir her. Trotzdem ist es besser, wenn ich ihnen nicht über den Weg laufe. Die Nacht ist klar und schön. So will ich denn unter freiem Himmel schlafen.

Er drang noch tiefer in den Wald ein und legte sich auf den sandigen Boden unter einer Fichte, die so hoch war wie ein Kirchturm. Er achtete darauf, dass sein Messer und ein eisenbeschlagener Stock in greifbarer Nähe lagen. Es dauerte auch gar nicht lange und er war tief eingeschlafen. In dem Augenblick, als die Sterne gerade die Mitternacht anzeigten, erwachte er von Stimmen, die leise riefen.

»Hi, hi«, klang es aus dem Wipfel der Fichte, die so hoch war wie ein Kirchturm.

»Hi, hi«, antwortete es aus dem Wipfel einer anderen Fichte.

»Hi, hi«, klang es von allen Seiten.

Die Rufe kamen unter der Erde hervor, sie kamen von den Gräsern, von Sträuchern und Ginsterbüschen.

»Hi, hi!«

Gleichzeitig fielen zahllose Mengen von Geistern in allen möglichen Gestalten wie Regentropfen auf den Sand. Es waren Fliegen, Glühwürmchen, Libellen, Grillen, Zikaden, Schmetterlinge, Bremsen, Schnaken und Wespen darunter, aber keine einzige Biene.

Aus dem Erdinneren krochen weitere Geister hervor. Sie hatten die Gestalt von Eidechsen, Kröten, Fröschen, Salamandern. Es gab auch welche, die aussahen wie Männer und Frauen. Diese hatten einen nach oben gestellten Daumen, waren ganz in Rot gekleidet und trugen goldene Gabeln mit drei Zacken bei sich.

Kurz danach begann dieses ganze kleine Volk herum zu purzeln und im Reigen zu tanzen, auf dem Sand, auf den Spitzen der Grashalme, auf den Büschen und in den Ginstersträuchern. Die kleinen Geister sangen beim Tanz:

»Hi, hi!
Alle kleinen Kräutlein
im Wald und auf der Flur,
sie blühen und haben Samen
in der Johannisnacht nur!
Hi, hi!«

Mein Onkel starb fast vor Angst und er machte zitternd das Kreuzzeichen. Die Geister ließen sich dadurch nicht beirren und sangen und tanzten unverdrossen weiter:

»Hi, hi!
Alle kleinen Kräutlein
im Wald und auf der Flur,

sie blühen und haben Samen
in der Johannisnacht nur!
Hi, hi!«

Da verlor mein Onkel seine Angst und dachte bei sich: Diese
Geister haben mit dem Teufel und seiner üblen Gefolgschaft
nichts zu schaffen. Sie wollen den Christen nichts Böses tun.
Plötzlich hörten die Tänze auf und die Gesänge schwiegen.
Die Geister hatten meinen Onkel entdeckt: »Lieber Freund
aus dem Geschlecht der Menschen, hab' keine Angst. Komm,
tanz und sing mit uns!«
»Ihr lieben Geister, ich danke euch für die Einladung. Aber
ich komme von weit her und bin zu müde, um mit euch mit-
halten zu können.«
Da sangen und tanzten die Geister von neuem:

»Hi, hi!
Alle kleinen Kräutlein
im Wald und auf der Flur,
sie blühen und haben Samen
in der Johannisnacht nur!
Hi, hi!«

Der Ball der Geister dauerte bis zum Anbruch der Morgenröte.
Dann erhoben sich die geflügelten Geister in den Himmel,
die übrigen verschwanden unter der Erde. Mein Onkel blieb
allein zurück auf dem Sand unter der Fichte, die so hoch war
wie ein Kirchturm.

Märchen aus der Gascogne

Die Ritter vom Fisch

Es war einmal ein Land, in welchem man so viele Eisenbahnen, Luftballons, Kanäle und Dampfschiffe baute, dass die Leute das Zu-Fuß-Gehen ganz verlernten und darum auch alle Schuhmacher und Schuhflicker zugrunde gingen. Mit dem Gleichgewicht der bürgerlichen Gesellschaft ist es wie mit dem der Erde: Wenn das Meer auf der einen Seite mit seinem Rachen ein Stück Land verschlingt, so wirft es auf der andern wieder ein Stück aus – was es aber ausspeiet, ist jedes Mal von ihm so ausgesogen und ausgedörrt wie die Wüste. Was das Meer tut, hatte in besagtem Lande die Zivilisation getan, als sie sich aller Kommunikationsmittel bemächtigt hatte, dürr und elend saßen die armen Schuster da, ihrem Schicksale überlassen.

Eins dieser Opfer warf in seinem Unmut mit seinem Leisten nach dem ersten Eisenbahnzuge, der ihm entgegenkam, mit seiner Ahle nach dem aufgeblähten Dampfschiffe, mit seiner Schürze nach dem aufgeblasensten Ballon, kaufte ein kleines Boot, ein Netz und wollte Fischer werden. So oft nun ein Dampfer in der Nähe seines Bootes hinfuhr, rief er mit lauter Stimme hinüber: »In seinem kleinen Kahne trotzt ein Schuhflicker den Dampfschiffen wie der Fels den Meereswogen. Bilde dir nicht in deinem Stolze ein, dass ich mich dir je unterwerfe!

Nein, immer soll mein Bötelein
Mein einz'ger Locomotor sein.«

So sang unser Fischer; was aber die Fische betrifft, so fing er damit keinen einzigen. Seine Bassstimme und das Geräusch der Dampfschiffe trieben sie alle weg. Es gab für ihn auf dem Meere grade so wenig Fische wie auf dem Land zerrissene

Schuhe. Da verzweifelte er denn endlich und nahm sich vor, sich ins Meer zu werfen, indem er meinte: »Esse ich keine Fische, so sollen die Fische mich essen – se va lo uno por lo otro – so oder anders, gleichviel.«

Aber das Meer sah grade so grimmig aus, so schwarzgrau, so wild und unbändig, dass unser Schuster eine bessere Gelegenheit für seinen Plan abwarten wollte. Indes warf er auch sein Netz wieder aus und – siehe da, auf einmal fühlte er es ganz schwer. ›Aha‹, dachte er, ›es war doch gescheit, meinen Kopfsprung etwas aufzuschieben.‹ Er zog das Netz und fand einen Petersfisch darin. Die Petersfische sind aber ganz außerordentlich feine Fische mit zwei runden schwarzen Flecken, die von der Legende als durch die Finger des heiligen Petrus eingedrückt angesehen werden. Mag sich in diesem Glauben, der ja freilich kein Dogma ist, auch weder ein frommes Gefühl noch ein schöner poetischer Gedanke aussprechen wie in andern Inspirationen des Volksglaubens, so beweist er doch, dass das spanische Volk, das von den englischen Propagandisten stets als höchst unwissend in religiösen Dingen geschildert wird, ganz in den Gedanken und Geschichten des Evangeliums lebt und Herrn John Bull in vielen Dingen wohl belehren könnte.

Wir kehren zu unserer Erzählung zurück. Sobald der Schuster den schönen Fisch in Händen hatte, sprach der Fisch, der, wie es scheint, nicht so stumm wie seine Brüder war, zu ihm:

»Trage mich nach deinem Hause, schneide mich in acht Stücke, bereite mich mit Salz und Pfeffer, Zimt und Nägelein[9], Krauseminze und Lorbeerblättern. Zwei Stücke gib deiner Frau zu essen, zwei deiner Mutterstute, zwei deiner Hündin und die beiden übrigen pflanze in deinen Garten.« Der Schuhflicker tat buchstäblich alles, was ihm der Fisch sagte, so groß war sein Vertrauen zu den Worten desselben. Dies bestätigt

---

9 Nelklein

wieder eine ganz gegen die Ansicht der Parlamentsmänner laufende Tatsache, dass nämlich die, welche wenig sprechen, mehr Zutrauen einflößen als die Vielsprecher.

Nach neun Monaten gebar des Schusters Frau zwei Knaben, seine Stute warf zwei Füllen, seine Hündin zwei Hündchen und im Garten gingen zwei Lanzen auf, die als Blüten zwei Wappenschilde trugen, welche einen Silberfisch in blauem Felde hielten. Alles dies wuchs friedlich und gedeihlich miteinander auf, so dass später aus des Schusters Hause zwei schöne stattliche Ritter auf prächtigen, wunderschön gesattelten Rossen mit zwei aufgerichteten Lanzen und zwei glänzenden Schilden, von zwei tüchtigen Windhunden begleitet, herausritten.

Die Brüder, sich gegenseitig so ähnlich, dass man sie beide den Doppelritter nannte, wollten, wie es auch ganz recht war, ihre Persönlichkeit nicht verlieren und beschlossen darum, sich zu trennen und einzeln die Welt zu durchziehen. Sie umarmten sich zärtlich und gingen der eine gen Osten, der andere gen Westen.

Nach einigen Reisetagen kam der Erste nach Madrid und fand die königliche Stadt, wie sie das Salzwasser ihrer Tränen in die reinen und süßen Wellen ihres geliebten Manzanares mischte. Alle Welt weinte, selbst die Maria Blanca vom Sonnentor. Unser schöner Ritter fragte nach der Ursache dieser allgemeinen Trostlosigkeit und erfuhr, dass ein fürchterlicher Drache, der Sohn einer höllischen Alten, jährlich ein junges Mädchen erhalte, um sich während der übrigen Zeit ruhig zu halten, und dass das Los diesmal ist auf die Königstochter gefallen, die eine so schöne und herzensgute Prinzessin wie keine andere sei. Der Ritter fragte weiter, wo sich die Prinzessin befinde und man sagte ihm, sie erwarte eine Viertelmeile vor der Stadt den Drachen, der jedes Mal um zwölf Uhr komme, seine Beute mitzunehmen. Der Ritter eilte schnell nach dem bezeichneten Orte und fand die Prinzessin vom Kopf bis zu den Füßen zitternd und ganz in Tränen zerflossen.

»Fliehet«, rief sie dem nahenden Ritter zu, »fliehet, Unbesonnener! Der Drache kommt sogleich und dann seid Ihr verloren.«

»Ich werde nicht weichen«, antwortete der Ritter, »sondern komme, Euch zu retten.«

»Mich retten? Das ist unmöglich.«

»Wir wollen sehen«, entgegnete der tapfere Ritter, »gibt es hier Deutsche?«

»Ja«, antwortete verwundert die Prinzessin.

»Ihr werdet es schon erfahren«, sagte der Ritter und sprengte blitzschnell zur trostlosen Stadt zurück. Nach wenigen Minuten kam er mit einem großen Spiegel zurück, den er in einem deutschen Laden gekauft hatte. Er stellte ihn gegen einen Baum, bedeckte ihn mit dem Schleier der Prinzessin, stellte diese vor den Spiegel und sagte ihr, sobald der Drache nahe sei, solle sie schnell den Schleier zurückziehen und sich hinter den Baum verstecken. Darauf entfernte er sich etwas und verbarg sich.

Es dauerte nicht lange, so erschien der Drache und kam langsam auf die Prinzessin zu, sie keck und unverschämt ansehend, so dass ihm nur das Lorgnon fehlte, um andern kleinen und weniger gefährlichen Drachen zu gleichen. Als er nun endlich ganz nahe war, zog die Prinzessin schnell den Schleier vom Spiegel und versteckte sich hinter den Baum. Der Drache war ganz verblüfft, als er seine verliebten Augen auf sein grässliches Ebenbild gerichtet sah. Er verzerrte sein Gesicht – sein vis-à-vis tat dasselbe, seine Augen wurden wie zwei feurige Kohlen – die seines Gegenmannes blieben nicht zurück, im Zorn sträubte er seine Schuppen wie ein Igel in die Höhe – und ganz ebenso hoch stiegen die des andern Drachen, er öffnete seinen fürchterlichen Rachen, der nicht seines Gleichen gehabt haben würde, hätte nicht sein Gegner, ohne sich schrecken zu lassen, den seinen eben so weit aufgetan. Ungestüm stürzte er nun auf seinen unerschrockenen Gegner los und stieß sich dabei so heftig gegen das Spiegelglas, dass er ganz betäubt wurde. Überdies sah er nun in allen den kleinen Stücken des entzwei gestoßenen Spiegels Teile seines Körpers und glaubte nicht anders, als dass er sich selbst in lauter Stücke zerstoßen habe. Der Ritter benutzte diesen Augenblick, fiel mit seiner guten Lanze und seinem treuen Hund über den Drachen her und tötete ihn.

Man kann sich die Freude und den Jubel der Madrilenen, die lustige Leute sind, denken, als sie den Ritter vom Fisch ankommen sahen. Derselbe hatte die Prinzessin so froh wie ein Osterfest neben sich auf dem Pferde und schleifte den toten Drachen, den er an den Schweif des Pferdes gebunden, wie eine Schleppe hinter sich her.

Man wird sich auch wohl denken, dass man die hohe Tat des edlen Ritters mit nichts anderem belohnen konnte, als mit der weißen Hand der Prinzessin, dass es eine Hochzeit mit Gastmählern, Stiergefechten und Ritterspielen gab und dass ich auch dabei war, ohne übrigens von den Herrlichkeiten etwas zu bekommen.

Einige Tage nach der Hochzeit sagte nun der Ritter zu seiner Frau, er möchte auch gern einmal den ganzen Palast sehen, der so groß war, dass er eine Meile Landes bedeckte. Die Prinzessin willigte ein und sie machten sich auf den Weg. Endlich nach drei Tagen war die Wanderung durch alle Gemächer beendet und am vierten stiegen sie auf die Terrasse. Wie erstaunt war der Ritter über die herrliche Aussicht! Da sah man ganz Spanien und Mohrenland und selbst den Kaiser von Marokko, der den Tod seines Freundes, des bösen Drachen, bitterlich beweinte.

»Was für ein Schloss ist das dort in der Ferne, das so einsam und düster aussieht?«, fragte der Ritter.

»Es heißt«, erwiderte die Prinzessin, »Schloss Erschrecklich und ist verzaubert, ohne dass jemand den Zauber lösen kann. Wer hineingeht, kommt nicht wieder heraus.«

Der Ritter schwieg. Da er aber mutig war und Abenteuer liebte, so stieg er des andern Morgens, ohne jemandem etwas davon zu sagen, auf sein Pferd, nahm Degen, Lanze und Hund mit und machte sich auf den Weg nach jenem Schloss.

Das Schloss war so entsetzlich, dass sich ein jeder fürchtete, der es nur sah, schwarz wie eine Gewitternacht, schweigsam wie eine Leiche, unwirsch wie ein Bösewicht. Aber der Ritter wusste von Furcht nichts weiter als den Namen, kehrte den Rücken nur dem überwundenen Feinde und klopfte also laut an der Tür an. Alle schlafenden Echos des Schlosses wachten auf und ließen näher und ferner das Klopfen im Chore nachklingen, doch kam keine andere Antwort. Da klopfte er noch einmal stärker mit der Lanze und es öffnete sich nun ein kleines Gitterloch im Tore, hinter dem die Spitze von der langen Nase eines alten hässlichen Weibes hervorguckte.

»Was wollt Ihr, dreister Ruhestörer?«, fragte die Alte mürrisch.

»Hineingelassen werden«, antwortete der Ritter und hob dabei sein Visier in die Höhe.

Als die Alte das schöne Gesicht sah, ward sie ganz freundlich und machte ihm gleich die Tür auf.

»Nun, gute Alte«, begann der Ritter.

»Ich heiße Berberisca«, fiel ihm die Alte empfindlich ins Wort, »und ich bin Erb- und Gerichtsfrau vom Schloss Erschrecklich.«

»Schrecklich, schrecklich«, riefen die Echos.

»Wollt Ihr wohl schweigen, Ihr Schreihälse!«, schalt die Alte und zum Ritter gewandt fuhr sie fort, »Wollt Ihr mich heiraten, so sollt Ihr Herr sein und ein Leben haben wie der Pascha.«

»Ah«, lachten in einem fort die Echos.

»Euch sollte ich heiraten, Euch Hundertjährige?«, antwortete der Ritter. »Ihr seid recht einfältig fürwahr.«

»Wahr, wahr, wahr«, riefen die Echos.

»Was ich will«, fuhr der Ritter fort, »ist nur das Schloss durchsuchen und fortgehen nach dem Examen.«

»Amen, amen, amen«, klang es nach.

Die Alte sah aufgebracht den Ritter von der Seite an und sagte, er solle ihr folgen, sie werde ihm alles zeigen. So geschah es und der Ritter sah gar viele, viele prächtige Sachen. Doch konnte er sich nicht alles merken, denn die boshafte Berberisca führte ihn schnell weiter in einen dunkeln Gang, wo sich plötzlich eine Falltür öffnete. Der Ritter, der nichts davon ahnte, fiel in einen tiefen Abgrund und einte nun seine Stimme mit denen der Echos, denn alle jene Echos waren nichts als Stimmen anderer schöner und vortrefflicher Ritter, welche die ehrwürdigen Reize der Alten gleichfalls verschmähet hatten und von ihr in derselben Weise betrogen worden waren.

Wir kommen nun zum andern Ritter vom Fisch. Derselbe gelangte auf seiner Reise auch zuletzt nach Madrid. Aber welche Aufnahme wartete seiner daselbst: Kaum trat er in das Tor, als die Soldaten vor der Wache aufmarschierten, Trommeln wirbelten und Trompeten schmetterten und der Königsmarsch erklang. Die Diener vom Palast umringten ihn und teilten ihm mit, dass die Prinzessin in Tränen zerfließe und über seine lange Abwesenheit sich viel geängstigt und viel geweint habe.

›Gewiss‹, dachte der Ritter, ›hält man mich für meinen Bruder, der vermutlich hier sein besonderes Glück gemacht hat. Ich will doch sehen, wo das hinausgeht.‹

Man führte ihn wie im Triumphe nach dem Palast, und König und Prinzessin empfingen ihn mit hohen Freuden.

»Du bist also nach dem Schloss Erschrecklich geritten? Sage, wie bist du wieder herausgekommen und wie ist es dir dort ergangen. Ich habe gefürchtet, dich nie wiederzusehen.«

»Es ist mir nicht erlaubt, ein einziges Wort darüber mitzuteilen, bis ich nicht nochmals da gewesen bin.«

»Wie«, rief die Prinzessin, »du bist der Einzige, der je vom verzauberten Schloss wiedergekehrt ist, und du willst das Abenteuer zum zweiten Male wagen?«

»Ich muss es.«

Darüber war der Abend angekommen und beide begaben sich zum Schlafgemach. Der Ritter nahm seinen Degen und legte ihn auf das Lager der Prinzessin.

»Warum tust du das?«, fragte sie.

»Weil ich ein Gelübde getan«, antwortete er, »auf keinem Lager zu ruhen, bis ich nicht von jenem Schloss wiedergekehrt bin.«

Des andern Morgens bestieg er sein Pferd und machte sich auf den Weg nach dem Schloss, in Ungewissheit und Furcht wegen seines Bruders. Jetzt stand er am Tor und klopfte. Berberiscas Nasenspitze zeigte sich alsbald am Gitterloch, wurde aber sogleich noch einmal so lang und kreideweiß, denn die Alte dachte, als sie den Ritter sah, nicht anders, als die Toten stünden auf.

»Heiliger Beelzebub«, rief sie, denn für diesen Heiligen hatte sie eine besondere Devotion, »heiliger Beelzebub, befreie mich von dieser Erscheinung«, und mit diesen Worten lief sie weg.

»Frau Unsterblich«, rief ihr der Ritter nach, »ist hier ein Ritter angekommen, der mir ähnlich aussah? Nein oder ja.«

»Ja, ja, ja«, riefen die Echos.

»Lebt er oder ist er tot?«

»Tot, tot, tot«, klagten die Echos.

Als der Ritter das hörte, lief er der Alten nach und durchbohrte sie mit seinem Degen, da sie klein und mager war und der Wind grade stark wehte, so drehte sie sich wie ein Windmühlenflügel um den Degen herum.

»Wo ist mein Bruder, du tückische Hexe?«, fragte der Ritter.

»Ich wollte es Euch gern sagen«, antwortete sie, »aber ich bin sterbend und von allem Drehen schwindelt mir der Kopf. Macht mich erst wieder lebendig.«

»Wie kann ich das, alter Drache?«

»Geht nach dem Garten, nehmt Eisenhut, Klatschrosen und Drachenblut, kocht das in einem Kessel und badet mich darin«, und kaum hatte die Alte das gesagt, als sie starb, ohne noch »Jesus« zu sagen.

Der Ritter tat alles, wie ihm gesagt, machte die Alte wieder lebendig, nur war sie noch hässlicher als vorher, denn ihre große Nase hatte im Kessel keinen Platz gefunden, sah totenstarr und weiß wie ein Elefantenzahn aus.

Sie sagte nun dem Ritter, wo sein Bruder sei, und als der Ritter in jenen Abgrund hinunterstieg, fand er daselbst nicht allein seinen Bruder, sondern noch viele andere Ritter und sehr viele schöne Fräulein, die der Drache ehemals dahin gebracht hatte. Er steckte sie darauf alle, einen nach dem andern, in den Kessel und machte sie so alle wieder lebendig. Die Echos nahmen wieder von ihren Kehlen Besitz, die Herrlein und die Fräulein bedienerten und beknicksten sich gegenseitig, gingen dann alle zum Ritter, ihm zu danken, und nach wenigen Sekunden standen lauter schmucke Pärchen da, denn die Ritter und Fräulein waren lauter verzauberte Bräutigame und Bräute gewesen. Als Berberisca diese Lust und Freude sah, platzte sie vor Neid und starb nun für immer.

Märchen aus Spanien

Der Prinz mit den Eselsohren

Es war einmal ein König, der war sehr traurig, weil er keine Kinder hatte und er ließ drei Feen rufen, die sollten bewirken, dass die Königin ihm einen Sohn schenkte. Die Feen versprachen ihm, seine Wünsche zu erfüllen, und sagten ihm, sie würden bei der Geburt des Prinzen zugegen sein.

Nach neun Monaten wurde dem Königspaar ein Sohn geboren und die Feen schenkten dem König ihre Gaben. Die erste Fee sprach: »Du sollst der schönste Prinz der Welt werden.«

Die zweite Fee sprach: »Du sollst sehr tugendhaft und verständig werden.«

Die dritte Fee ärgerte sich, dass die beiden ersten schon so viel gute Gaben ihr vorweggenommen hatten. Es wollte ihr nichts Besseres mehr einfallen und darum rief sie: »Aber dir sollen Eselsohren wachsen, damit du nicht stolz und hochmütig werden kannst.«

Der König war außer sich und bat sie, diesen Wunsch zurückzunehmen. Wie konnte einer mit Eselsohren dereinst König werden! Aber die drei Feen gingen wieder fort, und bald darauf wuchsen dem Prinzen Eselsohren.

Nun beschloss der König, dass keiner erfahren durfte, dass der zukünftige König Eselsohren habe, darum ließ er eine Mütze anfertigen, die dem Prinzen fest auf dem Kopf saß und auch die Ohren verdeckte. Er legte sie Tag und Nacht nicht ab.

Der Prinz wurde von Tag zu Tag schöner und niemand auf dem Hof wusste, dass er Eselsohren hatte. Er kam in das Alter, in dem er rasiert werden musste, da ließ der König den Barbier rufen und sagte zu ihm:

»Du wirst den Prinzen rasieren, aber wenn du jemandem sagst, dass er Eselsohren hat, musst du sterben.«

Der Barbier hatte große Lust zu erzählen, was er gesehen hatte, aber die Angst, sterben zu müssen, ließ ihn schweigen. Eines Tages ging er zur Beichte und sagte zu seinem Beichtvater:

»Ich habe ein Geheimnis, das ich bewahren muss, aber wenn ich es nicht jemandem anvertrauen kann, sterbe ich, und wenn ich es jemandem anvertraue, lässt der König mich töten. Sagt mir, Vater, was ich tun soll.«

Der Beichtvater antwortete ihm, er solle in ein Tal gehen, dort ein Loch graben und das Geheimnis so oft da hinein sprechen, bis er von dieser Last befreit sei, dann das Loch mit Erde wieder zuschütten. Der Barbier tat es und nachdem er das Loch zugeschüttet hatte, ging er ganz erleichtert nach Haus zurück.

Nach einiger Zeit wuchs an der Stelle, wo der Barbier das Loch gegraben hatte, Schilfrohr. Wenn die Hirten mit ihren Herden dort vorbeikamen, schnitten sie das Rohr und machten sich Flöten daraus und wenn sie dann auf den Flöten spielten, so erklangen Stimmen, die sagten: »Prinz mit den Eselsohren.«

Diese Neuigkeit verbreitete sich allmählich in der ganzen Stadt, und da befahl der König, einer der Hirten solle zu ihm kommen und auf solch einer Flöte spielen. Und es erklangen immer dieselben Melodien und Stimmen, die sprachen: »Prinz mit den Eselsohren.« Auch der König selbst spielte und bei jedem Mal hörte er wieder die Stimmen. Da ließ der König die Feen zu sich rufen und bat sie, dem Prinzen die Eselsohren wegzunehmen. Sie kamen, ließen den ganzen Hof versammeln und befahlen dem Prinzen, die Mütze abzunehmen. Wie groß war da die Freude des Königs, der Königin und des Prinzen, als sie sahen, dass er keine Eselsohren mehr hatte!

Von jenem Tag an hörte man aus den Flöten, die die Hirten machten, die Worte nicht mehr: »Prinz mit den Eselsohren.«

Märchen aus Portugal

Nachwort

Europa, ein Kontinent, der über vier Jahrzehnte geteilt war, hat heute die Chance, die Kluft der Trennung zu überwinden. Das gemeinsame Kulturerbe, das schon seit Jahrhunderten, ja Jahrtausenden die Völker Europas verbindet, konnte allen politischen Widrigkeiten zum Trotz nie ausgelöscht werden, Bestrebungen sind im Gange, sich wieder auf die gemeinsamen Wurzeln zu besinnen.

Das europäische Märchen und die Sagen als wichtiges Kulturgut speisen sich aus mehreren Quellen. Die wichtigsten sind die griechische Antike mit ihrem Streben nach Erkenntnis, die jüdisch-christliche Tradition und die germanische Mythologie. Die Märchen bewahren einerseits uraltes Kulturerbe, sind aber stets auch offen gewesen, neue geistige Einflüsse aufzunehmen. Sie spiegeln die Vielfalt der Völker und Landschaften Europas wider. Aufgrund dieser Vielfalt auf relativ engem geographischem Raum fand ein intensiver gegenseitiger Austausch, auch mit angrenzenden Kulturen statt. So kann man in den Märchen Spaniens Elemente entdecken, die von der achthundertjährigen Herrschaft der Mauren zeugen. In vielen Märchen des Balkans stößt man auf türkische Motive. Keltische Einflüsse finden sich nicht nur in irischen und bretonischen Märchen, sondern auch in denen der Provence, des Elsass und aus Lothringen.

Märchen wurden ursprünglich stets mündlich überliefert. Erzählt wurde entlang der Handelsstraßen, der Kreuzzugs- und Pilgerwege, an Lagerfeuern und in Spinnstuben, überall in Europa. Die Volkserzählerinnen und -erzähler gaben ihre Kunst von Generation zu Generation weiter. Sie erzählten in natürlicher Weise ohne viel Pathos und übertriebene Gestik, wie der Kulturwissenschaftler Hermann Bausinger richtig festgestellt hat. Von Bedeutung war auch die Sprache beziehungsweise der Dialekt, in denen man Märchen erzählte. Märchen als Wurzeln der Literatur sprechen von Urzuständen der Menschheit, von Wünschen, Ängsten und Hoffnungen. Sie schildern keine heile Welt. Die Heldinnen und Helden müssen durch Bedrängnisse, Gefahren und Krisen gehen. Oft erfahren wir gleich zu Beginn von einer Notsituation. Am Ende steht dann deren Auflösung und Erlösung. Dieser gute, tröstliche Schluss ist ein Merkmal (wenige Ausnahmen bestätigen diese Regel) gerade europäischer Märchen. Wunder geschehen in selbstverständlicher Weise, übernatürliche Helfer sind im richtigen Moment zur Stelle (für den, der sie erkennt). Zauber und Entzauberung machen das Wesen des Märchens aus.

Vor allem im 19. Jahrhundert wurden in Europa Märchen gesammelt und aufgezeichnet. Die bekanntesten Sammler sind zwar die Brüder Grimm, sie waren oft auch Vorbilder durch ihre Tätigkeit, aber sie waren keineswegs die einzigen und hatten zahlreiche Kollegen. Nicht nur Volkskundler und Literaturwissenschaftler sammelten Märchen und schrieben sie auf. Es waren auch Geistliche, Lehrer, Diplomaten und interessierte Laien beiderlei Geschlechts.

So sammelten beispielsweise Joseph Jacobs in England und Lord Campell in Schottland. In Norwegen waren Moe und Asbjörnsen gemeinsam als Sammler unterwegs. Laura Gonzenbach zeichnete in Sizilien als erste Frau Märchen auf. Nikolai Alexander Afanasjew gab eine umfangreiche Sammlung russischer Märchen heraus. Er wurde oft als »russischer Grimm« bezeichnet. Da ich selbst als Märchensammlerin tätig bin und versuche, die Erzähltradition der Volksmärchen lebendig zu erhalten, bin ich in der glücklichen Lage, in diesem Band Märchen vorstellen zu können, die zum großen Teil unbekannt sind. Einige werden zum ersten Mal veröffentlicht.

Gleiche Motive sind in den unterschiedlichsten Landstrichen anzutreffen. Sie erhalten jedoch stets eine ganz eigene

Prägung, die durch die jeweilige Erzählsituation und -gemeinschaft bestimmt ist. Auch die Landesmentalität spielt eine bedeutende Rolle. Und es gibt Märchenmotive, die nur in ganz bestimmten Gebieten beheimatet sind. Dies hängt mit historischen Gegebenheiten zusammen. Die Inhalte der Märchen wurden ebenso vom jeweiligen Rechts- und Kultursystem beeinflusst. Ich habe mich bemüht, diese Fakten zu berücksichtigen. Die schwedischen Sammler Cavallius und Stephens waren Zeitgenossen der Brüder Grimm und wurden von diesen hochgeschätzt. Sie achteten ebenfalls wie diese auf die Beibehaltung der altertümlichen Sprache beziehungsweise die sprachliche Ausgestaltung (»Die drei Großmütterchen«).

In isländischen Märchen finden wir die positive Stiefmutter, die bereit ist, das ihr anvertraute Kind zu schützen. Nur in Island und in den Dolomiten sind manchmal Stiefmütter solche hilfsbereiten Gestalten. Hier aber haben wir mit »Sigurd und Ingibjörk« ein Gegenbeispiel, die Ausnahme, die die Regel bestätigt.

In Finnland und im Baltikum spürt man deutlich die geographische Nähe zu Russland. Ähnlichkeiten mit bekannten russischen Märchen sind offensichtlich. Das estnischen Märchen enthält Motive, die durch ganz Europa gehen: Sterbliche, die das Feen- und Elfenreich betreten, verlieren jegliche Beziehung zu Zeit und Raum. Elfen und Feen werden in vielen estnischen Märchen als »der Rasenmutter Töchter« bezeichnet.

Das polnische Märchen »Die Schmiedstochter und die schwarze Frau« ist in Varianten in den Donauländern und angrenzenden Staaten als Märchen von der schwarzen Frau noch rein erhalten. Hartnäckiges Leugnen führt zur Erlösung. Dagegen zeigt sich im verwandten Grimm'schen »Marienkind« die Bearbeitung durch die Dominikaner während der Gegenreformation.

Das Märchen »Das Wassermännle in der Donau« ist ein deutsches Rumpelstilzchen-Motiv. Wie die meisten seiner dämonischen Brüder spekuliert das Wassermännle auf eine junge Frau, sie sollte in drei Tagen seinen Namen erraten. Eine alte weise Frau gibt ihr einen Rat, so dass sie den Namen herausbekommt.

Unheimliche, aber hilfreiche Waldfrauen kommen in vielen europäischen Märchen vor.

Im deutschen Märchen das »Kätzchen mit den Stricknadeln« geht eine arme Frau in den Wald, um Holz zu sammeln, und begegnet der Frau Holle. Die Frau Holle ist eine vorchristliche göttliche Gestalt. Sie zeigt sich oft als Dreigestaltige, im Frühling als junge Frau und dann trägt sie die Farbe Weiß, im Sommer als mittelalte Frau, hier trägt sie die Farbe Rot und im Herbst und Winter als alte Frau, da trägt sie die Farbe Schwarz, als Schwarze ist sie am mächtigsten.

Im Russischen finden wir an dieser Stelle die Baba Jaga, die mit unserer Frau Holle gleichgestellt zu sehen ist. In vielen russischen Märchen muss der Held oder die Heldin zur Baba Jaga gehen, sie wohnt in einem Häuschen auf Hühnerfüßen, das sich immer dreht. Für den, der den richtigen Spruch weiß, hält das Häuschen an und bietet Einlass, zur Begrüßung sagt der Held oder die Heldin liebe- und respektvoll »Großmütterchen« ...

Im russischen Märchen »Iwan-Kuhsohn« kämpft der Held mit drei Drachen und besiegt sie auch. Im Mythos der meisten Völker ist der Drache eine zentrale Figur, der Kampf mit ihm und gegen ihn ein immer wiederkehrendes Thema.

Im Tiermärchen aus Siebenbürgen in Rumänien »Der Johannistag der Wölfe« sind Ähnlichkeiten zu den Grimm'schen Bremer Stadtmusikanten unverkennbar. Zwar fehlt der alte Hund und statt der Räuber werden hier die Wölfe verjagt. Die Tiere haben sämtliche menschlichen Eigenschaften.

Das zypriotische Märchen »Der Dreiäugige« kommt aus dem Motivkreis der Blaubartmärchen und zeigt auch deren mythologische Wurzeln.

Die griechischen Märchen haben viel mit Wasserfrauen und Feen zu tun, so auch in dem Märchen »Von dem Prinzen und der Elfenjungfrau«.

Griechenland und die Ägäis sind voll mit Sagen und Märchen besät, denn die Geschichte der Griechen hatte eine frühe Hochkultur mit den archaischen Wurzeln, die in allen Mythologien in Europa zu finden sind. Und bis in unsere Zeit sind die Mythen, Märchen und Sagen den Menschen geblieben. Georgios A. Megas schreibt dazu, dass »[…] der Strom der echten Volksüberlieferung ins neue Griechenland noch besonders fließt«.

Ein in Europa seltenes Motiv finden wir im albanischen Märchen »Das Schlangenkind«. Hier wünscht sich die Mutter ein Kind, das als Schlange geboren wird. Die Heldin, Braut der Schlange, die ihr Versprechen nicht hielt, muss sich auf die Suchwanderung nach ihrem Mann begeben, um ihn aus seiner Verwünschung zu befreien.

Ein Gegenbeispiel hören wir in »Das Eselein« von den Brüdern Grimm. Der Held ist als Esel geboren, die Mutter will das Kind nicht und befiehlt, es in den Teich zu werfen, aber der König sagt: »Gott hat ihn mir gegeben und so soll er nach mir auf meinem Throne sitzen.«

Das Amor- und Psyche-Motiv, finden wir in vielen europäischen Märchen und auch bei russischen Märchen gibt es die Suchwanderungsmotive sehr häufig.

Das typisch »Englische«, witzig und zugleich mit schwarzen humoristischen Zügen, prägen Märchen und Sagen aus England.

Eine alte irische Überlieferung wird im wunderschönen Märchen »Dermot mit dem Liebesfleck« lebendig. Die Helden begegnen dort oft Naturwesen, Feen und anderen mythischen Gestalten.

Das Märchen aus der Gascogne »Die Geister der Johannisnacht« zeigt die Parallelwelten von Menschen, Geistern und

Jenseitigen, die jedoch nicht unbedingt bösartig reagieren, wenn einer mit dem anderen zusammentrifft.

Im spanischen Märchen »Die Ritter vom Fisch« hat der Held es wieder mit einem Drachen zu tun, in der Art wie ich den Mythos vorher schon beschrieben habe.

Das portugiesische Märchen »Der Prinz mit den Eselsohren« erinnert mit seinen Weissagungen der Feen und Schicksalsfrauen an das deutsche Märchen »Dornröschen« der Brüder Grimm.

Es war mir ein Anliegen, in dieser Märchenreise typische Eigenheiten, aber auch Gemeinsamkeiten der europäischen Volksmärchen herauszustellen. Ich habe sie deshalb absichtlich nicht nur nach Nationalitäten und politischen Grenzen, die ohnehin ohne Bestand sind, geordnet, sondern nach kulturellen beziehungsweise kulturhistorischen Gesichtspunkten.

Danken möchte ich allen, die zum Gelingen dieses Buches beigetragen haben, vor allem meinem Mann Helmut, meiner Freundin Marlies Hörger sowie Paul Walch für die Übersetzungen aus dem Slawischen. Vor allen Dingen danke ich meinen Erzählerinnen und Erzählern, die mir noch nicht veröffentlichte Märchen mitgeteilt haben.

Sigrid Früh
Juli 2012

Quellenverzeichnis

Sigurd und Ingibjörg, die Königskinder
Josef Cal. Poestion: Isländische Märchen, Wien 1884.

Der Schusterjunge
Axel Olrik: Märchen in Saxo Grammaticus,
in der Zeitschrift des Vereins für Volkskunde 2, 1892.

Die drei Großmütterchen
Gunnar Olaf Hyltén-Cavallius und George Stephens:
Schwedische Volkssagen und Märchen,Wien 1848.

Die drei Böcke Brause
Peter Christen Asbjørnsen und Jørgen Engebretsen Moe:
Norwegische Volksmärchen, Berlin 1847.

Zottelhaube
Peter Christen Asbjørnsen und Jørgen Engebretsen Moe:
Norwegische Volksmärchen, Berlin 1847.

Die redenden Tannen
Emmy Schreck: Finnische Märchen, Weimar 1887.

Iwan-Kuhsohn
Alexander N. Afanasjew: Narodnye russkie skazki,
Moskau 1861/63; übersetzt aus dem Russischen von Paul Walch.

Wie ein Waisenknabe unverhofft sein Glück fand
Friedrich Kreutzwald: Ehstnische Märchen,
Halle 1869; übersetzt von F. Löwe.

Die Schmiedstochter und die schwarze Frau
Dieses Märchen wurde Sigrid Früh 1989 von einer Aussiedlerin
aus Polen erzählt.

Die Zarensöhne als Schwäne
Trudy Cubinskij: Etnografičesko-statistič ekspedicii v Zapadno-
russkij, Bd. 2, Petersburg 1878; übersetzt von Paul Walch.

Der Johannistag der Wölfe
Josef Haltrich: Deutsche Volksmärchen aus dem Sachsenlande in
Siebenbürgen, Berlin 1856.

Die kluge Schafhirtin
Kuzman Shapkarev: Sbornik ot bulgarski narodni umotvorenija,
Sofia 1892; übersetzt von Paul Walch.

Der Dreiäugige
Johann Georg von Hahn: Griechische und Albanesische Märchen,
München, Berlin 1918.

Von dem Prinzen und der Elfenjungfrau
Johann Georg von Hahn: Griechische und Albanesische Märchen,
München, Berlin 1918.

Das Schlangenkind
Johann Georg von Hahn: Griechische und Albanesische Märchen,
München, Berlin 1918.

Der Fink mit der goldenen Stimme
Elisabeth Róna-Sklarek: Ungarische Volksmärchen, mit
Unterstützung der Ungarischen Akademie der Wissenschaften,
Leipzig 1909.

Die Geschichte von den zwölf goldenen Gänsen
Marie Kosch: Deutsche Volksmärchen aus Mähren,
Kremsier 1899.

Der Drachentöter und die drei Königstöchter
Ignaz und Joseph Zingerle: Kinder und Hausmärchen aus
Süddeutschland (Tirols Volksdichtung und Volksbräuche, Bd. II),
Regensburg 1854.

Betta Pilusa
Dieses Märchen wurde Sigrid Früh 1993 von dem Studenten
Franco Mandrachia erzählt. Franco ist in Agrigent (Sizilien) gebo-
ren und hat dieses Märchen von seiner Mutter gehört.

Die Braut des Wassermanns
Karl Felix Wolff: Dolomitensagen, Bozen 1913.

Junker Prahlhans
Otto Sutermeister: Kinder- und Hausmärchen aus der Schweiz, Aarau 1873.

Der Fuchs mit den goldenen Schwänzen
Nach mündlicher Erzählung aufgezeichnet 1992 von Sigrid Früh.

Das Wassermännle in der Donau
Nach mündlicher Erzählung aufgezeichnet 1992 von Sigrid Früh.

Das Kätzchen mit den Stricknadeln
Ludwig Bechstein: Deutsches Märchenbuch, Leipzig 1857.

Die Geschichte vom halben Hahn
Georg Goyert und Konrad Wolter: Vlämische Sagen, Legenden und Volksmärchen, Jena 1917.

Der weissagende Schimmel
Dieses Märchen wurde Sigrid Früh während des Kongresses der Europäischen Märchengesellschaft 1982 von einem holländischen Teilnehmer erzählt.

Drei kleine Schweine
Joseph Jacobs: English Fairy Tales, Originaltitel: *The Story of The Three Little Pigs*, London 1890; übersetzt von Marlies Hörger.

Dermot mit dem Liebesfleck
Nicholas O'Kearney: Transactions of the Ossianic Society, Dublin 1854; übersetzt von Frederik Hetmann, neu erzählt von Sigrid Früh.

Die Geister der Johannisnacht
Jean-François Bladé: Contes populaires de la Gascogne, Bd. 2, Originaltitel: *Mon oncle de Condom*, Paris 1886; übersetzt von Marlies Hörger.

Die Ritter vom Fisch
Fernan Caballero: Spanische Volks- und Kindermärchen, Bd. 16, aus Originalen ins Deutsche übertragen von Wilhelm Hosäus, Paderborn 1862.

Der Prinz mit den Eselsohren
Francisco Adolfo Coelho: Contos Nacionais para Criancas, Originaltitel: *O Principe com orelhas de burro*, Porto 1882.